密教の〈こころ〉

中村公昭

春秋社

地鎮祭支度の内　四方札と御幣

境内の黄櫨（護摩木の原木）

まえがき

昨年おこなわれたＷＢＣ（ワールド・ベースボール・クラシック）において、「侍ジャパン」は劇的な逆転で見事に世界一に輝きました。その瞬間、日本人の多くは飛び上がって喜び、こぶしを突き挙げて雄叫びを上げ、一部ではビールかけにまで及んで、からだ一杯に喜びを共有していました。この大きな喜びのエネルギーは、コロナで疲弊しきった人々の心を前向きにすることができた、一大転換期ともいえるものではなかったでしょうか。

わが子の慶事ならば、同じように喜ぶことができるのでしょうが、果たして普段、親戚や知人、隣人の喜びごとに対しても、あれほどの興奮状態になることができるでしょうか。野球選手は親戚でも縁者でもありません、テレビで知っているだけの全くの他人なのです。もちろん日本が勝ったからということはあるでしょうが、その他人の慶事に対しても、わがことのように、あれほど喜ぶことができたのですから、親戚、知人の喜びも同じように喜べるはずです。だれもが「仏性」を備えているのですから。

もちろんかりに、そこまでいかなくとも、「人の悪口と、困ったこと・都合の悪いことを人のせいにすることはやめる」、たったそれだけでも、ともに喜び合うことができる心は湧き出してくると思っています。

わたしの造語ではありますが、「同体同喜」の習慣を身につけることは、「自身即仏」の実践でもあるのです。密教の祈り方は、はるか彼方の西方浄土や極楽浄土におられる仏さまに近づきたい、一体となりたいという、憧れや願望を伴った祈りではなく、「自身は仏と同体である」という確信をもって、「自身の中に在る仏さまを取り出す（気づく）」という、そのための祈りであるのです。

その上で、「従因至果《じゅういんしか》（さまざまな因を積んだことが結果に至る）」ではなく、「従果向因《じゅうかこういん》（結果に基づいて因を作る）」を念頭に毎日を過ごすことが、密教の生き方なのでしょう。「人事を尽くして天命を待つ」というのではなく、「自身即仏」をしっかりと自覚したうえで、「天命にしたがって人事を尽くす」という、そんな暮らし方ということでしょうか。

令和二年の年が明け、新型コロナウイルスが中国から広まり、第二次大戦以来の国難であるとさえ評されるほど、わが国はもとより世界中が大パニックに陥っていました。ようやく落ち着き始めましたが、この四年間、良くも悪しくも劇的な勢いで世の中が変化を遂げました。
「通さぬは通すがための道普請《みちぶしん》」という言葉があります。これは目の前にある大きな障害や苦難、悲しみなどを道路工事に例えた言葉ですが、それらは決して嫌がらせや悪意でのことではなく、何かしら必ず必要だからこそ起こっていることで、これを「意地悪をされている」とか「運がない」などと捉えてしまうと、出るべき智慧も出てこないのではないかと思います。

いままでに体験されたコロナ禍や日常生活において「不都合」と感じたことは、全て「通すがための道普請」だったのだと捉え、一切悔やみごとを言わず、後悔をせず、前向きに明るく、「和顔《わげん》」と「愛語《あいご》」に徹して暮らしてみてはいかがでしょうか。笑顔と柔和な言葉は、他に対してはもちろんですが、「自分自身の細胞が最もよく理解する」という実験結果も出ていますから、身も心もどんどん前向きになれるはずです。

昨年十二月に先代山主である師父、鏑射寺中興・中村公隆大和上が遷化いたしました。素晴らしい手本に導かれていた有り難さを実感いたしております。

師父入山以来、「密厳浄土の具現」という信念のもと、共に廃寺であった鏑射寺の復興に努めてまいりました。造作や整備という目に見える環境整備は、その進捗状況を把握することが容易ですが、日に見えぬ環境と心の整備こそが主目的であることは、師父の生きざまに学んでおります。

今まさに、大災難の後の「大吉祥を迎えつつある大切な時期」でもあります。境内整備もまだ道半ばですが、篤信者の皆さまの力強いご賛同とご助力をいただきながら、慎重に祈りと復興を続けてまいります。

本書は、その鏑射寺例祭での講話をもとにまとめたものです。「コロナ禍」が私の心の真ん中に居座っているような文章ばかりではありますが、いささかなりとも「自身即仏の発露」のお役に立つことがあれば、これにまさる喜びはありません。

このたびの刊行に際しては、さふじ総合出版研究所代表・佐藤清靖氏には格別なるお力添えをいただきました。また、春秋社社長・小林公二氏、編集部長・豊嶋悠吾氏はじめ皆さまには、一方ならぬご深慮、ご尽力をいただきました。ここに記して厚く御礼を申し上げます。

令和六年二月吉日

中村公昭

密教の〈こころ〉

目次

Ⅱ

Ⅲ

密教の〈こころ〉

I

睦月《むつき》の章　嬉しく楽しい言葉を発する

よい言葉はよい成就

今日（二〇二三年一月三日）はこの大雪の中、たくさんの方にお参りをいただきまして、まことに有り難うございます。久しぶりの雪で、子どもたちは本堂前の雪を集めて「かまくら」や身の丈ほどの雪ダルマを作ったりして、大人たちの雪かきを眺めながら雪合戦に興じていました。

私たちが子どもの頃はこの程度の雪は毎年でしたが、やはり地球の温暖化の影響でしょうか、ここ数年では珍しい積雪量です。子どもたちにとってよい思い出の一つにもなるのかな、と積雪にも感謝しています。

寒さの厳しい中、今年もお正月を迎えました。年が明けてお祝いの言葉を述べることを、「言祝《ことほ》ぐ」と言います。ことが起こる前に、「めでたい」「万歳」などと言うことによって、後々本当によいことが起こるように、という思いが込められていると教わっています。

言葉によって神威を動かしていく「言霊《ことだま》信仰」ということですが、真言密教に有縁の方にとっては、もはや当たり前の教えということができるのでしょう。

「言霊」とは「真言」であり、発せられる言葉に強い霊性があり、声に出して語られるということが、すなわち「現実のものになる」という、日本人特有の深層的な感覚ともいえます。発せられる言葉は、人の奥底にある死生観、人生観を表すものであり、人格そのものともいえるのでしょう。自分が発した言葉によって、自分自身も大きな影響を受けています。

受験を控えたお子さまがおられるご家庭では、「落ちる、転ぶ、滑る、散る」などを使わないようにします。結婚式のスピーチでは、「別れる、切れる、帰る、出る」などが「忌み言葉」として口に出してはならないこととされています。

出産時のお祝い、お葬式にも忌み言葉がたくさんあります。この先、起こってはならぬことが起こらないように、言葉に注意を払っているわけです。負の暗示をかけない、負の霊動を起こさない、という要素が多分に含まれています。

負の言葉とは逆になりますが、新しい年の挨拶は、「明けましておめでとうございます」と、いわば正の言葉を使います。ところで何が「おめでたい」か、ご存知でしょうか。多くの方は「一年間、いろいろあったけれども、何とか新しい年を迎えることができた。よかった、よかった。まずは、おめでとう」という思いで、正月の挨拶として使っておられるようですが、「明けましておめでとうございます」は前述のように、元々、歳神《としがみ》さまへの言祝《ことほ》ぎなのです。

「言祝ぎ」の意味は、「何かを祝って慶びの言葉を言うこと」ですから、これは「お祝いの先渡し」と捉えるのがよいかもしれません。「おめでとう」の言葉を発した方は、「あなたにおめでたいことが必ず起こります。先にお祝いを言わせてください」という心を込めて、挨拶してください。

そして、言われた方は、嬉しさの中で、必ず来る大きな慶事を迎える心の準備をしっかりとしてください。たんなる社交辞令のように軽く挨拶を交わすのではなく、大袈裟ではなく、心からの想いとして、「おめでとう」の言葉を発するのです。

新年の挨拶に限らず、嬉しさ、優しさ、思いやりの詰まった言葉を使って、にこやかに日々を送ることができれば、物事は大きく開け、まさに堂々と「中道《ちゅうどう》（物事の成就が約束された道）」を感じつつ、歩むことができるのです。笑顔で交わすよい言葉の挨拶は、いわば「調和と共生」の基いであり、仏教の言葉でいえば「仏性顕現《ぶっしょうけんげん》」の呼び水となるのでしょう。

読経の声に包まれて——護摩を修する

弘法大師は、こう記されています。

奇《き》なる哉《かな》、君王一糸《くんおういっし》の命《めい》、人《ひと》をして一賤《いっせん》また一尊《いっそん》ならしむ。

（『拾遺雑集《じゅういざつしゅう》』）

不思議なことだ、リーダーのたった一言が、人を賤しくもし、尊くもする、と。また、儒教の教書の一つである『礼記』にも、

王言は絲《いと》のごとし。その出づるや綸《りん》のごとし。王言、綸のごとし。その出づるや綍《ふつ》の

ごとし。

とあります。王のちょっとした言葉（綸＝細い糸）が重い意味（綸＝太い糸）を持つ。立場のある人の言葉ほど、その周りには大きな影響力があるということでしょう。上に立つ者が、率先してよい言葉を使えば、皆が自然と見習って、よい言葉を使うようになるというのです。

堂内も寒かったせいでしょうか、今日の般若心経や不動真言の読誦はものすごい熱気を感じました。「助法は主法に勝る」とも言いますが、皆さま方の優しく力強い読経に包まれて、真ん中の壇に座っておりますと、全く別世界にいるように感じられて、実に気持ちよく一座の修法を務めることができました。心より御礼を申し上げます。

真言と不動明王

さて、いま皆さまがお唱えくださいました不動明王の「慈救呪《じくじゅ》」、ご真言ですが、真言とはサンスクリット語の「マントラ」の訳語で、「真実の言葉、秘密の言葉」という意味です。また、「密言《みつごん》」、「明呪《みょうじゅ》」とも訳されることがあります。

いつも申しておりますが、ご真言は言霊の最上級、直接仏さまと通じ合うことができる、もっとも有効な方法だと思います。このご真言に、身と心が一体となれば、身《しん》・口《く》・意《い》の三密行《さんみつぎょう》そのものになります。

真言を唱える功徳について、弘法大師は、

真言は不思議なり。観誦《かんじゅ》すれば無明《むみょう》を除く。一字《いちじ》に千里を含み、即身に法如を証す。
（『般若心経秘鍵《はんにゃしんぎょうひけん》』）

真言には不思議な力がある。誦することによって心の闇を打ち砕き、自分自身を正しくありのままに見つめることができ、煩悩は菩提心へと変化し、仏性を表した暮らしにつながる、というのです。

その真言、明呪を司る王が「明王」です。当山では、本堂に智慧仏（金剛部）の代表である愛染《あいぜん》明王、護摩堂に慈悲仏（胎蔵部）の代表である不動明王をお祀りしています。前山主が入山後すぐ、廃寺復興の第一番目に護摩堂を建立、完成後すぐに不動明王を勧請し、お祀りしてきました。以来、欠かすことなく毎日のお給仕をいたしております。

「毎月二座しか護摩を修していないのですか」と聞かれることがよくありますが、当山は檀家のない修行道場です。この地「道場町」の由来でもある密教の道場ですので、お護摩の修法は毎日おこなっておりますが、本来、密教の修法は非公開が原則です。

しかしながら、志ある有縁の方々の祈りは、清らかで、力強いエネルギーでもあります。発心の場であり、決心の場でもあり、続ける心を決定する場でもあります。また、穢れのない祈りは、陰徳の積み増しでもあり、国家安寧の基いにもなります。

そこで、当山開基、聖徳太子のご縁日と不動明王のご縁日である毎月二十二日、二十八日には、「国家安寧・万民豊楽」にかぎって「不動明王護摩供」を公開して厳修し、こうして皆さまのご助法もいただいているわけです。

真言と経典のちから

「祈る」ということは、「自身即仏」を自覚し、至心に廻向《えこう》をすることが原則ですので、本来、功徳やら、おかげをいただく、ということではないのですが、何らかの困りごと、願いごとの成就のために、祈りを捧げる方が多いのも現実です。今日お唱えいただいた「慈救呪」については、こんな話が伝わっています。

昔、一人の阿闍梨《あじゃり》が比叡山の麓《ふもと》の街を歩いていた時、大きな荷物を背負い、大層苦しそうに喘ぎながら、坂道を登ってくる牛に出会いました。牛飼いは鞭を当てて牛を前に進めようとするのですが、牛は重い荷物になかなか進めず、牛飼いはさらに鞭を当てています。その時、にわかに二人の童子が現れ、その牛を前から引っ張り、後ろから押し始めたのです。牛はその助けをえて、少しずつ前に進みはじめました。しかし、その童子の姿は、牛飼いや町の人たちには見えていないようです。

不思議に思った阿闍梨が、「あなたたちは何者なのですか、なぜこのようなことをしているのですか」と尋ねたところ、「阿闍梨よ、この牛は前生は人間であった。しかし、その時に悪事を繰り返したため、死後に畜生道に落ち、牛として生まれ変わってきて、このように苦労を重ねているのだ。だが人間として生きていた前生で、たった一度だけ『慈救呪』を唱えたことがある。そのおかげで、不動明王がこの者にご加護を与えられた。だから私たちがこのように守っているのだ」と。

悪事を重ねた罪はどうしても償わなくてはなりません。自業自得といいますが、前生の悪事も業となって現生があります。しかし一度でも信仰の心を示せば、それを見逃すことなくご加護を与えてくださるのです。慈悲仏のお不動さまならではの働きではないでしょうか。

今日のように、心楽しく般若心経を読誦し、心いくまで「慈救呪」を唱える機会を多く持つことは、来生に悪業を引きずることなく、現生の間に善業へと大きく転化させることができるという、身近にできる最善の方法ではないでしょうか。過去・現在の罪をできるだけ消去して、功徳を積み増すことは、現生の発展と、「自身即仏」の確認の大きな糧となるのでしょう。

経典の読誦とは

「仏前勤行次第《ぶつぜんごんぎょうしだい》」の中で、開経偈《かいきょうげ》では「無上甚深微妙法《むじょうじんじんみみょうほう》・百千万劫難遭遇《ひゃくせんまんごうなんそうぐう》・我今見聞《がこんけんもん》得受持《とくじゅじ》・願解如来真実義《がんげにょらいしんじつぎ》」と、現生において経文・真言に出会えた喜びが説かれています。出会えたからこそ、功徳の積み増しができるのであり、国家の安寧と万民豊楽の大願が具現化されていくのだろうと思います。

経典の多くはお釈迦さまや大日如来のお言葉です。一言一句間違えないように、必ず経本を手に持ち、読誦するのが原則です。「見破る」という言葉がありますが、「人の悪事を見破った」というように負の側面から使われる場合が多いようです。しかし本来は、「経本を読み破るほど読誦し、真意を理解した」という「読み破る」が語源です。ですから、お経は「唱える」のではなく「読誦する」と言います。

「真言」は、小さな子どもがお母さんを必死で呼ぶ時のように、「訴えかける」という感覚があります。お不動さまの「慈救呪」も、「おふどうさま！」という呼びかけと捉えてください。仏前だけでなく、いつでもどこでも、お唱えすることができますから、できるかぎりお唱えし、お不動さまを身近に感じてください。心の底から真言を発する習慣ができれば、普段の日常の会話も、発せられる言葉は、相手の心に響く真言になります。

緩和されたとはいえ、コロナ禍はいまだに続き、戦争や地震といった暗いニュースが後を絶ちません。辛い事や悲しい事に心がとらわれてしまうこともあるでしょう。そんな時こそ笑顔を作り、嬉しく、楽しい言葉を発し、自分自身の心をコントロールし、世の中を照らす灯明としての役割を果たしましょう。

目に見えない言葉という力の流れをしっかりと客観的に理解し、素直にみ仏の光を受け、上手に活用することによって、一段階も二段階も素晴らしい一年を迎えることができるのです。心の伴わない「空念仏《からねんぶつ》」には要注意ですが、祈りの機会をたくさん持ちたいものです。

［コラム］真楽①「言葉は言霊」

人間には「体動」（身）・「言動」（口）・「考動」（意）の三つの行動能力が備わっています。

「行動は習慣を作り、習慣は人格を作り、人格は運命を作る」という言葉がありますが、「あなたは今、幸せですか」という問いかけがあれば、どのようにお答えになられますか。

「幸せに生きている」と感じている方でも、若干の悩みごと、「不幸」を抱えておられることでしょう。それが全体の一割程度であっても、口を衝いて出てくるのは、その一割の不幸に対する不平不満ではないでしょうか。そうすると、九割の幸せは、わずか一割の不幸によって支配されてしまいます。

言葉は「言霊《ことだま》」といい、古代から言葉に宿る力が働いて、言われた言葉通りの事象がもたらされると信じられてきました。良《よ》きも悪《あし》きも、人は言葉によって自らの心と身体が突き動かされてしまうものです。愚痴も無意識のうちに繰り返せば癖になり、愚痴っぽい人格が形成されて、僻《ひが》みっぽい一生を送ってしまいかねません。

今冬、寒さを「有り難い」と思う訓練をしてみませんか。「寒くて素晴らしい冬だ」という言葉が出て、想いが同調すれば、寒さも半分くらいに感じられることでしょう。人生の時間の四分の一は冬の季節です。その受け止め方と言動次第で、潑溂とした、豊かな一生ともなるのです。

如月《きさらぎ》の章　成就と「熏習」ということ

「このオールドマン（老人）のように」

早いもので、今日で二月も終わりになります。昨日までは家からお堂までの道のりを、厳しい寒さに身体を固くし肩をすぼめて歩いていました。今朝は玄関を出たとたん、「ホーホケキョ」と鶯がきれいな声を聴かせてくれました。「ああ、春が来たな」と思った瞬間に肩の力が抜けたのを感じました。

お堂までのいつもの道のりが、昨日までとは全く違う風景でした。昨日までは寒さのせいで、下を向いて歩いていたのでしょうか、今朝は顔を挙げて、境内全体を見渡しながら進んでいる自覚がありました。

すると、風の香り、木々の葉色、鳥の声、大地の感触、空気の柔らかさなど、五感全てで春を感じられるのです。久しぶりに全身の力がほどよく抜けて、毛穴全体が開いたという感覚で、一日の始まりを迎えることができました。

新学期も遠からず、新しい門出に備えておられる方もいらっしゃることでしょう。今までのことに整理をつけ、大きな目標と希望を抱いて、心躍る準備の時期なのだと思います。「少年よ、大志を抱け〔Boys, be ambitious〕」——クラーク博士が、札幌農学校を辞して日本を去るにあたって、教え子たちに贈った言葉です。「若者は大きな志を持って世に出よ」という意味でしょうが、この言葉には続きがあります。「このオールドマン（老人）のように（Like this old man）」と。言葉の解釈はいろいろとできるのでしょうが、「この私を見習って後に続け」というような陳腐な解釈では、とても追いつかないでしょう。そうではなく、今まで共に学んだ全てのことを糧にして、「この老いたる私も、研鑽を怠るものではない」と、学生たちを励ましつつ、自分の新しい出発を鼓舞する意味が大きいのではなかったかと推測しています。

五輪金メダリストの柔道家

先年（二〇二一年）、「平成の姿三四郎」の異名をとった柔道家の古賀稔彦氏が、五十三歳の若さで逝去されました。一九九二年のバルセロナ五輪、柔道男子七十一キロ級金メダリストです。生前のインタビュー記事が目に留まりました。

私たち真言宗の僧侶がおこなう修法・勤行などで、必ずといってよいほど唱える偈文に、「普《ふ》供《く》養三力《ようさんりき》偈《げ》」（『大日経《だいにちきょう》』七供養儀式品《しちくようぎしきぼん》）というのがありますが、それに通じるものが多々あると感じましたので、少し概要を紹介いたします。

幼少の頃より柔道一筋に打ち込み、念願かなって、一九八八年、ソウルオリンピック代表として送り出されます。優勝候補として、マスコミで華々しく取り上げられ、国中の期待を背負って出場しましたが、まさかの三回戦敗退。

あまりの悔しさに呆然として帰国しますが、待っていたのは、「古賀は世界では通用しない」、「古賀の柔道は終わった」という、心ない誹謗と中傷だったのです。気がつけば、まわりからは潮が引くように人が離れ、ついには誰もいなくなっていました。自分は大舞台で負けて悔しい思いをしているのに、誰も理解を示してくれないと人間不信に陥り、閉じこもりの生活が続きました。

そんな時、何気なくつけていたテレビの画面にオリンピック総集編が流れ始め、華々しく活躍する選手の映像とともに、惨敗であった柔道の特集も組まれていました。もちろん三回戦で敗退した自分の映像も映し出されました。いたたまれなくなり、テレビを消そうとした次の瞬間、画面にくぎ付けになりました。

自分が負けた直後、カメラが観客席で応援していた両親を映し出したのです。おもむろに立ち上がった両親は、観客席に向かって、応援に駆けつけてくれた人たちに、私の代わりと言うべきでしょうか、深々と頭を下げていたのです。中学で親元を離れ、ひたすら柔道に打ち込み、ほとんど顔を合わせることもなかった両親が、観客席に向かって謝っている姿に大きなショックを受けました。

「このおれがオリンピックに行き、おれが負けて、おれが一番悔しいんだ」と思っていましたが、両親の姿を見ているうちに、戦っていたのは自分一人ではなかったことに心底気がついたのです。すると、驚いたことに、次々と自分をサポートしてくれた人たちの顔が浮かんできました。

例えば、オリンピックに向けて練習相手になってくれた仲間たち。彼らは自分たちが試合に出られないのに、私のために何度も受け身をとってくれました。その当時は、当然のことで、応援されるのが当たり前とさえ感じていたのです。なんと傲慢だったのでしょう。自分の情けなさを思い知ったとき、少しずつ周りが見えてきたのです。自分の後ろには、こんなにもたくさんの人たちが一緒に戦ってくれていたのだと。この出来事を機に、もう絶対に両親に頭を下げさせたくない、応援してくれた人たちに喜んでもらいたい、次のオリンピックで金メダルを取って恩返しをしたいと、本当に前向きになれたのです。

怪我で苦しみながらも、バルセロナ五輪で金メダルを獲得する大きな原動力となりましたと、心からの感謝を語っていました。

「功徳力」「加持力」「法界力」――密教の「普供養三力偈」とは

感動的なお話ですが、ここで「普供養三力偈」に話を戻しますと、その偈文とは、「以我功徳力、如来加持力、及以法界力、普供養而住」というものです。

「以《い》我《が》功《く》徳《どく》力《りき》」自らの功徳の力（発心した者が修行（努力）によって得た力）によって
「如《にょ》来《らい》加《か》持《じ》力《りき》」如来の加持力（仏さまが衆生を救おうと手を伸ばされた力）によって
「及《ぎゅう》以《い》法《ほう》界《かい》力《りき》」および、宇宙の偉大なる力（真理の顕現としての宇宙の力）によって
「普《ふ》供養《くよう》而《に》住《じゅう》」普《あまね》く支えあって共に住す（三力が揃えば、功徳が現れ供養が成り立つ）

高野山大学元教授の坂田光全先生は、「真言行人が信心決定して三密の妙行を修して得るところの功徳力、また諸仏の大悲の護念の力による加持力、また一切の人々が先天的に具有しているところの法性の平等力、この三力がおのずから合して不思議の事業を成就円満するに至る。しかもその功徳力を普く一切に供養して、皆ともに覚りを得んことを願うのです」と説かれています。

物事や願いが成就し達成されるためには、自分の努力、如来すなわち仏さまの救いの力、そして、世間の助力という三つがそろわなければならないという教えです。

古賀氏の話に当てはめるならば、まず「以我功徳力」は、「千日の稽古を鍛《たん》といい、万日の稽古を錬《れん》という」（『五輪書《ごりんのしょ》』）とあるように、明確な目標を定め、その目標を見失う

ことなく、自己研鑽・努力を続けたことです。

古賀氏は、幼少の頃より親元を離れ、柔道を始めました。幼少期より、「オリンピックで優勝する」という思いを持ち続け、地方の大会では幾度となく優勝を重ねますが、決して満足することはなかったと回顧しています。

次に、「如来加持力」は、ひたすら努力、研鑽を積み、実績を上げながら、オリンピック優勝を唱え続ける古賀氏の姿に、両親はじめ道場関係者などが、次第に真剣になって稽古や生活の環境を整え、彼を支えたことです。

そして、「及以法界力」とは、直接古賀氏に関係はないけれど、古賀氏や彼を応援している人たちの姿に感動し共鳴して、マスコミやスポンサーなどを含めて、間接的に古賀氏をバックアップし応援するようになったことなどです。

その結果、ソウルオリンピックの代表の座を摑み、「優勝まちがいなし」として盛大な見送りを受け、オリンピックの檜舞台に向かったのです。これで物事は成就したかのように感じられますが、大舞台での挫折を経験、紆余曲折を経て、「全てへの感謝」にたどり着かれています。心からの懺悔《さんげ》と、大いなる感謝の心が、先の三力に加わって、普く供養が成就したのだと思われます。

古賀稔彦氏に限らず、成功者として思い当たる方々の第一歩は、まず自らの信念を持った行動、つまり「以我功徳力」の発露が原点になるであろうことは、私たちの立場としては揺るぎのないことです。しかしながら、同じ努力をしていながら、物事の成就にいたらなかったという方も多くおられることでしょう。

最初の一歩を踏み出した時や、なかなかうまくいかず弱気になった時、また、あきらめかけそうになった時、優しく応援をしてくださる方や、厳しい言葉をかけてもらえる環境は、とても大切なことです。弟子にとっての師、子にとっての親、学生にとっての先生など、そういった方たちとの信頼関係なくしては、形すらも整わぬことなのでしょう。

難しいことですが、「如来加持力」は、実に身近に、初歩の段階において感じとらなければならないことと思えます。弘法大師は、

それ俗典《ぞくてん》には、母は子を以《もっ》て貴《とうと》しということ有り。今、釈氏は、乃《いま》し師は弟《てい》に因《よ》って栄う。

（『付法伝《ふほうでん》』一）

世間では、子は母にとって、替えられぬたとえようのない宝だという。いま出家の者

〈道を志した者〉は、師は弟子によってその価値を発揮することができるのである、と。こうして師と弟子はお互いに成長していくので、父母のような慈愛を注いでくれる、師匠や周りの人々の応援を素直に感謝の心をもって受け取る力があれば、物事は成就に向かう、と記されています。

古賀氏は最後に、「精力善用・自他共栄」という、柔道の祖、嘉納治五郎先生の言葉を挙げて、「一言で表すならば、人のためにお役に立ちなさい」ということでしょう、と締めくくっておられます。

鏑射寺復興――人力による道造り

思い出話になりますが、廃寺であった鏑射寺復興のため、先代が入山してまだ十五年ほどの頃。護摩堂に続いて三重塔が落慶をみた昭和五十年頃、私は地元の高校に通っていました。

当時、住み込み修行中の、いわゆる「小僧」と呼ばれる方や、私より少し年長の、通いでやってこられる「小僧見習い」のような立場の方が数名おられました。その当時は、上水道もなく、天秤棒で湧水を汲んでの生活でした。もちろんお風呂は五右衛門風呂で、山で木を切り、芝を刈り、薪割りも日課、トイレの汲み取りも、空の一斗缶と天秤棒のお世話になっていた頃です。

境内の奥はまだ重機の入ることができない山道ですので、土地の造成や石組みなどは機械に頼ることができません。ほとんど全て手作業でした。三角支柱を立て、その真中に滑車を吊るして石組みをしたり、コロを使って大石を移動させたりと、工夫と力業で仕事を続ける毎日でした。本職の土木作業員さんも毎日通ってこられており、よく知恵をお借りしました。

住居を立てるために、竹藪の真ん中あたりの谷に、高さ三メートル、長さ二十メートルほどの道をつけることになりました。百メートルほど離れた山裾からスコップとツルハシで土を取り、一輪車やもっこで土や砂利を担いで運ぶのです。

当然、私たちも学校帰りや、土・日曜日、夏休みはもちろん、寺にいるときは、そのお手伝いをすることが当たり前でした。

始めのうちは、本職が一往復する間に片道ぐらいしか行けなかったのですが、五日もすると同じスピードでいけるようになってきます。ですから職人さんたちとも楽しく毎日の仕事をしておりましたある日、師匠に小僧全員、大目玉を食らったのです。

「日当仕事の子方さんは、昼休みと十時、三時の休憩以外は動き続けなければならんので、力を出し切らず、ペースを配分して仕事をしている」

「子方さんと同じ仕事をしていては、つまらん。その程度の仕事しかできんようになる」

「子方さんが一往復の間に全力で二往復せよ」

「力いっぱい二往復して動けなくなったら、子方さんがもう一往復している間、寝転がって休んでいればいい。同じ時間で二往復は変わらないだろう」

「それが慣れてくれば、休む時間を短くする。十日もすれば、子方さんが二往復の間に、楽に三往復できるようになる」

「もっともっと鍛えられると、三倍、四倍の仕事が楽にできる」

「倒れてもよいから、その場その場で力を出し切れ」と言われました。

「スパルタ教育」といいますが、かなりきつくつらい仕事ではありましたが、今となっては困難なことに直面するたび思い出され、乗り切る力の源になっているように感じています。心の底に残る大きな財産の一つだと感謝しています。

ちなみに、この人力による道造りは、およそ二年の歳月を要しましたが、最後には重機が入って仕上げをしてくれました。完成の嬉しさと、機械の力には感動しました。

熏習ということ――修行の日々

私たちの修行時代は、お寺に住み込んで、朝夕の勤行、修法以外は、常に師匠や先輩方の顔色をうかがいながら、掃除や庭仕事、薪割り、助法（師僧、先輩方の修法事における堂内一切の配慮のこと）、車の運転、随行と、あらゆる作務に追われる毎日でした。

当然、叱られることや、注意されることも多くありますが、思わぬ時に大目玉を食らう時もありました。いま思えば、常にこちらの不都合によることですが、その時は納得のいかぬことも多くあったように思います。

住み込み修行も時を経ますと、どんな時に叱られるのか、注意されるのかがわかるようになってきます。もちろん、日ごろしっかりと蓄積された経験が大きいのですが、ポイントは一日の初めの仕事にありました。

朝の勤行を終え、朝食までの間には師匠の寝床をたたみ、押し入れに上げる作業があります。寝室に入った瞬間の部屋の雰囲気で、一瞬のうちにその日の師匠の状態が、本当に

「なんとなく」なのですが、感じるようになっていました。「よくないな」と感じた朝は、例外のないほどに日中、お小言や厳しい指導をいただきました。ある時、兄弟子と思い出話をしたことがあるのですが、やはり同じような感想でした。

今、高野山のお寺でさえも、住み込みでの小僧修行が激減していると聞きました。一日中、常に緊張の中にいるという経験、そして行住坐臥を師匠や先輩方と共にすることで、直接の息遣いを感じ取ることができるという経験。この経験を通して細やかな伝統の継承、ちょっとしたコツ、立ち居振る舞い、気遣いなど、継承、伝授されていくべきことが、自然と身に付くのだろうと感じています。香と衣を一緒に置いておくと衣に香が移るように熏習《くんじゅう》されているという感じでしょうか。

通いでやってきて定時になれば帰っていく、食事も別、となれば、師匠の息づかいを感じる機会も少ないのだろうと推察できます。何よりも、理屈ではなく、なぜかはっきりした根拠はないのですが「なんとなく解る」という感覚が、身に付くのであろうかと心配になります。

昔、古美術商の方から、こんな話をうかがったことがあります。「私たちが骨董屋の丁《でっ》稚《ち》になった頃は、毎日毎日、本物だけを見せられて、触らされて、育ててもらったものです。そうするうちに、偽物《にせもの》はなんとなしに偽物とわかるようになっているのです。薫習というのか、有り難いことでした」と。

科学の発達と時代の流れの中で、ありとあらゆる物の模造品が生み出される昨今、「本物」に対する価値観に大きな変化を感じます。偽物と知りつつ使い勝手のよさ、見た目の美しさを優先し、重宝していることは、誰もが身に覚えのあることでしょう。

平成十四年度から、文部科学省の義務教育課程に、日本古来の伝統楽器の体験授業が取り入れられることになりました。その時、ある尺八講師の先生が、本物の竹製の尺八で授業を進めたいと思い、本物の確保に奔走しましたが、生徒数に数が足りず、やむをえず従来の塩化ビニール製の笛を教材にしたということです。先生はそのことを、とても悔やんでおられました。

仏心の発露へ

「型破り」という言葉があります。ずいぶん昔ですが、僧侶・教育者の無着成恭《むちゃくせいきょう》師が「電話子供相談室」というラジオ番組の中で、「型破りと形無しの違いは何ですか」という質問に、型がある人間が型を破ると「型破り」、型がない人間が型を破ったら「形無し」と答えておられました。

古典芸能の世界にかぎらず、全てに通じることだと思いますが、初心の頃より、徹底的に基礎を学び、たゆまぬ修練によって、その型を会得する。それゆえ「型破り」は人をひきつけ、魅了されるものがあるのでしょう。洗練された「型」の先にしか、「型破り」は存在しないと思うのです。弘法大師は、

心に妄念《もうねん》なくして六塵《ろくじん》に染《せん》せざれば、仏は即ち常に心に在す。

（『一切経開題《いっさいきょうかいだい》』）


心に迷いがなく、世間の塵に染められることがなければ、仏さまは常に心の中にあると、そのように記しています。住み込みの修行は、発心した者が世俗を離れ、師匠や先輩などの大先達と生活を共にすることによって、決心し、発心し、仏心の発露へ向かう最初の機会なのだと思います。

また弘法大師は、

法は人《にん》に資《よ》って弘《ひろ》まり、人《にん》は法を持って昇る。人法一体にして別異《べっち》なることを得ず。

（『秘蔵宝鑰《ひぞうほうやく》』巻中）

「教えを広めるのは人であり、人は教えによって向上するのである。人と教えとは一体であって別のものではない」（中川善教師訳）とも記され、恵果和上《けいかかしょう》とご自身のごとく、師匠から弟子へ、人から人への温もりのある継承の大切さを感じておられたのでしょう。

昨今、ハラスメントの問題がクローズアップされています。言うまでもなく「人権侵害」は論外ですが、弟子を本気で思いやる師と、覚悟をもって決心、発心し、師を慕う弟子。お互いがお互いを尊重しあえる真の師弟の間に、ハラスメントの問題は無縁のはずです。

この年齢になり、「住み込みの内弟子修行」の新しいかたちを模索しています。伝統の継承も時代に合わせて進化しなければ、守っていくことが難しいのかな、と感じています。

弥生《やよい》の章　密教の地鎮祭

「鎮土法」の修法——神道との違い

本日は、とても素晴らしい天候に恵まれました。まさに今日のよき日に合わせて、祝福してくれているように感じられます。自然のありがたさを感じながら、こころ清々しく出かけてまいりました。

本日は、まことにおめでとうございます、全て準備が整いましたので、これより工場の地鎮祭を始めます。関係の皆さまも、神式の地鎮祭は何度もご経験がおありでしょうが、仏式の地鎮祭は初めてということで、準備や打ち合わせにずいぶんとまどわれたことと思います。二度もご来寺いただき、このように完璧に準備を整えてくださいました。心より御礼を申し上げます。

いまから、真言宗の宗祖、弘法大師作と伝えられる「鎮土法《ちんどほう》」を修法いたします。神式の地鎮祭と密教の地鎮祭、何がどのように違うのか、何をどのように祈るのか、不思議に思われる方も多くいらっしゃるようですので、最初に簡単にお話いたします。

まずご覧のように、会場の様子がずいぶんと違うことにお気づきでしょう。会場の周囲に張り巡らせた結界の荒縄と御幣《ごへい》には、見覚えがおありのことと思います。この準備は神式、仏式ともに共通していますので、「この地で地鎮祭が行われるのだな」ということは、感じていただけていると思います。

神式の地鎮祭は、その土地の「穢《けが》れを祓《はら》い浄める」ということを目的として行われます。大幣《おおぬさ》を振り、祝詞《のりと》を奏上するなどの一連の儀式は、参列している私たちの穢れまで祓い清めていただいているように感じられるほど荘厳なもので、清らかな風とともに、音を立てて穢れが地面より剝がされていくように感じられます。

その剝がされた罪・穢れは、まず空中に放り投げるように飛ばされ、川へと流されます。すると「瀬織津比売神《せおりつひめのかみ》」が、ひとまとめにした罪・穢れを川から海に流し込みます。次に、海で待ち構えておられる「速開津比売神《はやあきつひめのかみ》」が、その一切の罪・穢れを飲み込みます。それを確認した「気吹戸主神《いぶきどぬしのかみ》」が、強風を起こし、地底の国へと吹き放ちます。それを受け取った「速佐須良比売神《はやさすらひめのかみ》」が、地底をさすらっている間に、どこということはなく消滅する、というのです。

この「祓戸四柱《はらえどよんはしら》」と呼ばれる神さまの分業によって、祓い浄めは進められます。ただ、その穢れは一切なくなってしまうのではなく、およそ五十年ほどで地表に湧き出してくる、と伝え聞いております。

ちなみに伊勢神宮などでは、およそ二十年に一度の式年遷宮を行っています。その地域の活性化を図ることはもちろんのこと、土木、木工、彫金、塗りなどの伝統技術の継承には、二十年に一度ほどの実践が必要とされます。また、宇治橋の架け替えなど、木材の耐用年数のことなどもあるのでしょう。

さまざまな目的をもって行われている一大行事ですが、常に清浄な環境で神々をお祀りすることが必須であるために、穢れが浮いてくるまでに別土地を浄め遷宮するという、いわば穢れの循環の問題も、その大きな理由の一つと推察されます。

主役は「地天」

これから修法します密教の地鎮祭ですが、主役は、十二天（帝釈天《たいしゃくてん》、火天《かてん》、水天《すいてん》、日天《にってん》、月天《がってん》、風天《ふうてん》、閻魔天《えんまてん》、羅刹天《らせつてん》、伊舎那天《いしゃなてん》、梵天《ぼんてん》、毘沙門天《びしゃもんてん》、地天《ちてん》）の一である、地天さまです。その働きは、主として次の三つからなります。

一、いかなる時でもしっかりと大地として全てを支えている。
二、汚水が真水になるように、縁あるもの全てを浄化する作用を持つ。
三、草木、農作物にかかわらず、身中（土）に縁を得た全てのものを、大きく育み成長させる。

その三つの役割を担って、今を生きておられる実在なのです。「釈尊成道の時、地中から出現してその証人となった」と伝えられているほど神通力があり、大きな働きをされているのですが、「天」という世界にお住まいなので、私たちと同じように、まだ六道輪廻《ろくどうりんね》

（地獄《じごく》・餓鬼《がき》・畜生《ちくしょう》・修羅《しゅら》・人《にん》・天《てん》の六道《ろくどう》）の中におられるという位置づけです。

輪廻の中にあって、私たち人間世界の中でも、地獄の中にいるように感じておられる方や、いつも飢えている方、欲のおもむくままの暮らしを続けておられる方、また、いつも腹を立てて諍《いさか》いをしているという方もおられます。

人間界の下に「修羅」の世界がありますが、この世界ができたのは、もともと天の最上位、有頂天《うちょうてん》に住まわれていた「阿修羅神《あしゅらじん》」が、帝釈天《たいしゃくてん》との諍いから怒りの心を発し、自分の正義に固執して、戦いをやめようとしなかったことから、天部の世界から追放されて、人間界の下に位置されてしまったためという物語があります。

天部の世界といえども、人間と同じように寿命もあれば、怒りや貪《むさぼ》り、嫉妬《しっと》などの心を起こされることもあるということです。

ですから、地鎮祭で壇をしつらえ、天部を天部として供養しても、気分によって暴れられては、せっかくの供養も建ち上がった建物も意味がありません。

そこで、輪廻転生の世界を脱していただき、菩薩の位をお授けして、この場で菩薩を自覚していただくための、「仏位授職《ぶついじゅしき》」の儀式である灌頂《かんじょう》を、地天さまにお授けするのです。

仏位を授かった地天は、前述のような怒りや貪り、嫉妬心などは一切起こすことのない

「仏さま」として、この地に安住してくださり、大智・大慈悲をもって悠々と地域全体をお守りいただくことになります。

以上のように、真言宗の地鎮祭は、祓いや浄めではなく、地天さまに仏位をお授けする、灌頂の儀式を執り行うものです。

天子南面と「自身即仏」

皆さまは「天子南面《てんしなんめん》」という言葉をご存知でしょうか。天空の星は、不動である北極星を中心に回転しています。天子は世界の中心ですから、北極星、つまり北の位置に身を置き、南側を向いて座ります。世界を見渡せる、と考えられていますので、東西南北のうち、北方が一番位《くらい》が高い場所になります。

これに対して「北面《ほくめん》の武士《ぶし》」という言葉がありますが、南向きに座っている天子にお仕えする家臣は、必然的に北を向いて座ることになります。ですので、お仕えする者の立場、従う者の立場を表すというところから、「北面の武士」と呼ばれたわけです。

余談ですが、方位学や家相学においても、一番位が高いのは「北」というのが通説です。

「朝を制する者は人生を制する」ということわざがありますが、気学、易学などの世界では、「北を制する者は全てを制する」ともいわれるほど、力強く、位の高い方位なのです。

ご家庭の中でも、「北方」にその家の中心となる主が住まわれて、「東方」に男子、「南方」に女子、「西方」には伴侶の方というふうに、部屋や常住の場所を配置することを基本にすると、それぞれの方角を司る神々や仏さまとの相性がよく、個人も家もともに栄えると伝わっております。

北方を常に清浄に保つこと、たとえば最北の間に仏壇を安置し祈りの場としたり、また家宝などを入れる蔵を作ることなども、吉祥と伝えられています。

今日、皆さまの座席は私の座の後ろで、北方を背にして南方を向いてお座りいただきました。いつも申し上げておりますが、私たちは本来仏さまと同体不二なのですが、気がつかないままに暮らしています。

しかし、いま、この場だけでも、「自身即仏」、仏性を輝かせて現在を生きている、充実した生き方をしている「仏さま」であることを、しっかりと自覚していただきたいと思います。天子南面して、この座にお座りいただいているわけですから、「大日如来」としてご臨席いただいたということです。

証明師、八幡大菩薩

密教の儀式には、必ず先達が「証明師《しょうみょうじ》」として立ち会う、という習わしがあります。皆さまも証明師ですが、念のため強力な証明師のご照覧も仰いでおります。

会場の周りに四本の竹が立てられています。その竹に荒縄が張り巡らされ、一辺ごとに御幣が八枚、付けられています。この御幣はただの紙片ではなくて、開眼《かいげん》された「八幡大《はちまんだい》菩薩《ぼさつ》」なのです。

八幡神社の神さまというと、すぐに心に思い浮かぶと思いますが、八幡大菩薩とも呼ばれ、菩薩の称号を名乗っておられることにもお気づきでしょう。そうなると、いったい八幡さまは神さまなのか仏さまなのか、という疑問をもたれるかもしれません。

八幡さまは、もともとは地天さまと同じように神さまでしたが、般若心経の教理に触れられて出家をなさった。それ以後は「八正道《はっしょうどう》」（仏教の八つの正しい道）の旗を掲げ、仏教興隆に邁進《まいしん》されたので、「菩薩」の称号を授与されたという来歴をお持ちです。天部から菩薩になられた先達なのです。八幡大菩薩とご一緒に、皆さま方も証明師として、祝福の祈りをお願いいたします。

「鎮め物」とは

次に、鎮め物の用意をしていただきました。小壺を五つとお供え物を、東・西・南・北と中央の五ヶ所に埋めて供養しますが、それぞれの壺の中には、すでに五宝《ごほう》・五薬《ごやく》・五香《ごこう》が入っています。

「五宝」は、宝石と呼ばれるものの中から、金を含めて五つを選んであります。金、銀、瑠璃《るり》、瑪瑙《めのう》、琥珀《こはく》、珊瑚《さんご》、水晶、アメジストなどの中から、小さくてもかまいませんが、練り物やイミテーションではなく、必ず本物を選びます。一ヶ月ほど前にお預かりして、お開眼を済ませたものです。

次に「五薬」は、白朮《びゃくじゅつ》、人参《にんじん》、甘草《かんぞう》、木蘭《もくらん》、遠志《おんじ》、枸杞《くこ》など、たくさんある漢方薬の中から、代表的なものを五つ選んで入れてあります。もちろん、無病息災、身体健全の基本となるものです。

そして「五香」（伽羅《きゃら》、沈香《じんこう》、白檀《びゃくだん》、龍脳《りゅうのう》など）は、その香りから、礼節、気品を育むものという意味があります。

また、それ以外に供物として「五穀《ごこく》」があります。「五穀粥」「イラ粥」「煮あずき」などとしてお供えしますが、製法や供養法は口伝ですので、ここではとくに触れません。

仏力を発揚する

先に申しましたように、土地には大きく育む作用があります。これらの宝石、薬、香、五穀などの供物を土地に預け、灌頂を授け、供養しますと、仏さまとなられた地天さまが、その智慧と大慈悲をもって、何千倍、何億倍にも増上し、育んで、必要に応じてお授けくださいます。

工事関係の方々も、仏さまの下での工事であることに思いを寄せていただきますようにお願いいたします。およそ今回の工事に、不都合や事故が起こることはないはずです。無事に完成しましたならば、この建物を普請なさったお当家さまだけではなく、この土地に関係のある方、この建物に関係をもたれた方、この地域の方々、また、この土地を通りかかられただけという方でも、「支え、浄化、育み」の仏力が発揮されて、自然に幸せになれるように、育てお守りくださるはずです。

今日は嬉しい法要です。「自身即仏」と、しっかり観想して、爽やかに、潑溂と読経して、お祝いくださいますように。

［コラム］真楽②「経典の功徳とは」

「般若心経も暗記していないので、皆さんと一緒の巡拝にはまだまだ参加できません」、そんな思いを持っておられる方が、結構おられます。また一方で、「私は般若心経を諳《そら》んじています」と、自信をお持ちの方もたくさんいらっしゃいます。それは日々の仏道修行にもつながることなのかもしれません。

しかし、前にも触れましたが、「経を読む」「読誦する」とはいっても、「経を唱える」とは言わないのです。真言や宝号、念仏などは唱えるのですが、決して経典は唱えないのです。それはなぜでしょうか。

経典というのは、お釈迦さまの説かれた深遠で絶妙な教えを綴ったものです。ですから、それを読誦する時は、たとえ読誦者にその意味が解らぬ時でも、その発せられた言葉は魂を持ち、広大無辺の功徳となって、自分にも他者にも等しく及ぼされるのです。

経典が読誦されている時、目に見えるものだけでなく、目に見えぬものも、つまり一切の生きとし生けるものが、その功徳に浴するために集い、一心に聴聞しているというのです。

ですから、読誦することは、説法と同じことなのです。一字一句、間違うことは許されないというのは、そのためなのです。

もし人、尭《ぎょう》の服を服し、尭の言を誦し、尭の行を行う時は、これ尭ならんのみ。

（『密宗安心鈔《みつしゅうあんじんしょう》』）

尭というのは、古代中国の伝説の名君。その尭の服を着て、尭の言葉をそのまま発し、尭の行いをすっかり真似ていると、尭その人と同体である、と。

そのように、経典読誦の時は「釈尊と同体」であるのです。その瞬間はまぎれもなく、仏の相を吾が身に宿しているのです。

経本をしっかりと持ち、射ぬくほど真実に、経典読誦にはげむことは、大切な菩薩行にほかなりません。もちろん、経典読誦の際は、明るく楽しく潑溂と、読誦してくださいますように。

卯月《うづき》の章　心の焦点を合わせる

祈りを届ける

今年（二〇二三年）も地震や洪水などの自然災害、交通事故や人為的ミスによる事故に巻き込まれ、多くの方が全く予期しない突発的な出来事によって命を落とされるという事件、事故が相次いでいます。残されたご家族の怒り、悲しみは計り知ることのできないほど、深く苦しいことと感じます。

昨夕のテレビでは、「北海道知床沖で観光船が沈没した事故から一年、事故では二十人の乗客が亡くなり、今も六人の行方が分かっていません。現場では今なお行方不明者の捜索が続けられています」と報道されていました。

自分たちとは全く関係がない地域での事故で、見知らぬ方々が亡くなられたので、「知り合いでなくてよかった」などと胸をなでおろすような言動は、ご遺族の心情を思えば不謹慎極まりないことです。自然災害、不慮の事故は防ぎようのないことですが、報道の在り方をふくめ、弔意の示し方には、より一層の配慮がなされるべきだと思います。

「身内の不幸ならば」あるいは「明日は我が身」との思いをいたし、心の焦点を合わせることで、その事故や災害からはたくさんの教訓や予防知識が得られ、大きな財産の一つともなり得るのです。

また、全く関係のない事故でも、報道を通して知ってしまったわけですから、大きな縁が繋がっているからこそ、見聞きするのだと思うのです。それならば、ほんの一時でも、その事故でお亡くなりになった方の御霊に向けて、追善のお供養をすることがあってしかるべきなのかと考えています。「自分だけは助かりたい」という祈りは、出家、在家を問わず、厳に慎むべきことと、肝に命じなければなりません。

弘法大師は、こう記しておられます。

朝夕に涙を流し、日夜に慟《いたみ》を含むといえども、亡魂に益なし。

（『性霊集《しょうりょうしゅう》』第八）

ただ茫然と悲しんでいるのでは、亡くなった魂には何の益もない。ものが食べられず泣いている子どものところに行って、「大丈夫、食べ物を探してくるから」と言っておいて、後ろを向いた途端に自分だけ食べているようなもので、悲しんで涙しているだけでは、魂も浮かばれぬ、諸仏のお導きを謙虚に願いなさい、と。

そういう意味も含め、今日はお供養を一部取り入れたお護摩を修法しました。真言宗の僧侶としては、本来、それぞれの方にしっかりと引導《いんどう》をお授けし、輪廻を脱して仏地に赴いていただくことが務めなのでしょうが、見知らぬ土地、見知らぬ人々、臨終結界《りんじゅうけっかい》もない状態ではありますが、見聞きした時を逃さず、しっかり焦点を合わせる工夫をして、一時でも、もうひたすらに拝むしかないと思います。知っていながら知らないそぶりは、自分の心に大きな傷を残すように感じています。

臨終結界、引導と六道輪廻

臨終結界のことですが、人が亡くなった時、そのお家や葬儀場の出入り口に結界の印を張り、ご遺体の上にお守り刀などを置いておられるのを、ご覧になったことがあるでしょうか。一般的には、亡骸を求め、よそからの不浄な霊魂が入り込まぬように、と捉えられていますが、本当は、その亡くなった方の魂がふらふらと出ていくことを防止するためのものだということを、ご存知の方は少ないのでしょう。

真言宗の葬儀では、本来、臨終結界され、荘厳の整った静寂な室内で、しっかりと引導をお授けすることが根本原則です。引導を受け取ってもらうことができれば、たちまちのうちに仏地に入り、六道輪廻《ろくどうりんね》を脱することになります。

六道の輪廻を脱したわけですから、本来ならば、初七日《しょなのか》、二七日《ふたなのか》、三七日《みなのか》、四七日《よなのか》、五七日《いつなのか》、六七日《むなのか》、と一週間ごとの法事、七七日《しちしちにち》のいわゆる満中陰《まんちゅういん》の追善供養《ついぜんくよう》は、必要ないのが本来でしょう。では、なぜその追善供養をするのかと言えば、こちらが引導をお授けしても、受けとってくださらない方があるからです。

いまさらのようですが、仏典『倶舎論《くしゃろん》』では、人が胎内に生を受けてから、死後、次の生を受けるまでの存在のあり方を、四つに分けています。生まれる瞬間が「生有《しょうう》」、生きている間が「本有《ほんぬ》」、死ぬ瞬間が「死有《しう》」、次の生を受けるまで、つまり魂の間が「中有《ちゅうう》」と説かれています。七七日（四十九日）が中有（中陰とも言う）が満ちる日とされて、一般的に「満中陰」といいます。

六道輪廻はもともと古代のインド思想で、「魂は輪廻転生する」という考え方に基づくものです。地獄道・餓鬼道・畜生道・修羅道・人間道・天部道の六道を生まれ変わりしながら、苦しみの生を繰り返すというものです。

七日ごとの意味も諸説ありますが、『倶舎論』にも記されているように、現在もっとも一般的な考え方が、今生の行いによって、善根よろしきものは、初七日目に六道のどこかに生まれます。初七日目に縁のなかった方は二七日目に、それでも行き先が決まらない方は三七日目に、と一週間ごとに輪廻転生の機会があります。そして、どんな縁の者でも七七日、満中陰を迎える四十九日には、次の生を得て生まれ変わる、という考え方です。

初七日の前の晩、二七日の前の晩、三七日の前の晩と、一週間ごとに四十九日の前の晩まで、「お逮夜《たいや》」として有縁の者が追善供養を営むのは、明日生まれ変わる故人のため、少しでも徳分をつけてもらいたいがために、前夜のうちに廻向を施し、追善供養の功徳という徳分を上積みし、地獄・餓鬼・畜生道の三悪道《さんあくどう》ではなく、せめて修羅・人間・天部といった三善道に生まれ変わってほしいという、遺された有縁の方々の感謝を込めた精一杯の「祈りの仕送り」という考えなのです。

仏を自覚するために

もっとも、大乗仏教に縁があり信仰を続けた者が、死んだ後、引導作法を受けておきながら、六道輪廻をしているというのが大前提では、すこし情けないように思います。なぜなら、お釈迦さまは、輪廻転生するその苦しみの世界から解脱《げだつ》するために、仏教をお説きになられたからです。今生の苦しみを脱し、来世には必ず彼岸に赴くために、八万四千と言われるほど多くの法を説かれたのですから、仏教徒が輪廻を前提に死に臨むことは、かなりおかしな考え方だと思いますが、いかがでしょうか。

お釈迦さまは生きとし生けるものすべてを対象にして、それぞれの機根にあった、さまざまな浄土観を説かれておられます。それが阿弥陀浄土であったり、補陀落浄土であったり、薬師浄土であったりします。現在、宗旨がいろいろとあるのは浄土観の違いからであるともいえます。

顕教《けんぎょう》(密教以外の大乗仏教)では、たいていの場合、それぞれのお浄土の仏さまがお迎えに来てくださって、その浄土に赴くわけです。浄土真宗なら臨終後、即座に阿弥陀浄土へ導かれます。密教の場合は、引導を授かり、自ら仏を自覚する、ということになります。

鏑射寺は檀家のない修行道場ですので、お葬式、法事の機会は皆無ですが、仲間の真言僧たちは、「檀家さんの臨終後、一週間ごとに法事を行うことが多い」ということです。これは、いま言いましたように、通夜・葬儀を通して引導を受け取ってくださらなかった場合、念のため、初七日、二七日、三七日から四十九日まで、七日ごとに、引導を受け取ってもらえるまで、引導の存在に気づいていただくために、また確実に引導をお授けするために、念には念を入れて作法を続けておられるのだと信じています。また、残されたご家族の心の納得を、共に導き出すことも大きな要因となっていると感じています。

溌溂と嬉しく読誦する

今日のように、たくさんの方々でお経を読誦する場合、一つの声として聞こえなければならないことは、前にもお話ししました。

お経は、お釈迦さまや大日如来など仏さまが説かれたもので、それぞれが素晴らしい真理や生きざまが記してあるわけです。ですから読誦する時は、たとえそれがお葬式の場であろうとも、溌溂と、にこやかに嬉しく読誦するのが本来の姿です。決して辛く悲しい内容ではないのですから、当たり前と言えば当たり前のことなのです。

大勢で読経する場合、前にも横にも後ろにも、読経をしておられる方はみな、お釈迦さまと同体です。たくさんのお釈迦さま、仏さまが説法してくださっているのですから、決して和を乱すことなく、じっくり聞いて体中がお経で充満された時、自然と口からあふれるように、飛び出してくるような感覚で読経することができると最高です。

周りの声をしっかりと意識して、全く一つの声として聞こえるようになると、たとえ十人で読誦していたお経でも、三十人、五十人分の功徳が出てくる。今日のような読経ですと、三百人、五百人分もの功徳ともなったことと思います。調和の心が根幹なのです。

今日この場でのお参りの功徳が、北海道知床をはじめ、今年、不慮の事故で亡くなった方々、また普く一切の諸精霊に届いたことと思います。

特定の誰かのために拝むことも大切ですが、祈る対象を限定しないお供養の会も、頻繁に行っていきたいと思っております。

切っ掛けを掴む

このような祈りに関しても、また諸事全般、やるべきこととわかっていても、なかなかできずにいることがたくさんあります。皆さま方も、心当たりがあることかもしれません。それはなぜか。答えは簡単、「やらない」からです。自分で「できない」と決め付けている場合も、「後でもできるから、今はいいわ」という場合も含めて、自分自身で壁を作って、言い訳をつけて、やっていない場合がほとんどです。

まず、行動を起こす。やらねばならぬところに身を置いてみる。後回しにはできない状況を、進んで作る。そういったことも、一つの手段ではないでしょうか。こんな仏教説話があります。

釈尊が祇園精舎におられる時、一人の酔っ払いが訪ねてきました。
「おい、釈迦はいるか。おれは釈迦に会いにきた」
「どういうご用件ですか」

「おれは坊主になりたい。釈迦におれを坊主にするよう伝えろ」

「あなた、お坊さんになるには、ちゃんと修行をしなければなりませんよ」

「修行するのは嫌だが、坊主にしろ」

酔っ払いというのはいつの時代もこういったもので、くだをまき続けました。仕方なく弟子の一人がお釈迦さまに報告すると、お釈迦さまが出てこられました。

「出家したいというのは、あなたですか」

「そうだ、早く坊主にしろ」

するとお釈迦さまは、その場で、その男の頭をツルツルに剃ってしまわれました。翌朝、目が覚めた男は酔いも吹っ飛んで、

「嫌だ、坊主なんかには、死んでもなりたくない」

と、大騒ぎをしますが、ツルツルの頭はにわかに髪の毛が生えてくるわけではありません。お弟子の一人がお釈迦さまに、本気で出家する気持ちのない男の頭をどうして剃られたのですか、と問うと、

「あの男は、ふとしたはずみで出家したいと思ったのだろう。酔っ払っていたので、その気持ちをここにきてぶちまけた。酔いが醒めたら、お坊さんなんかになりたくない、と言

うのはわかっていたが、いまここで、形だけでも頭を剃っておけば、いつしかそれが機縁となって、本当に出家するということもある。よい種をまいておくと、いつか芽が出てくるのだから」

と、おっしゃったということです。

この人がその後、本当に出家したかどうかは別として、思い立った時になんでもいい、行動を起こしておく。そうすると、自然に反復練習ができる、一つ壁を越えると、次々に力が湧いてくる、そうして焦点があってくることを、実感できるはずです。思いがあっても、その切っ掛けがなかったから、というのでは寂しいことです。

「遍照尊居ます」

太陽は何千度もあるのに火傷することなく、全てのものに恵みを与えています。この状態が、ある意味で、普通に生きている私たちと同じなのです。では、どのように力を発揮するか。焦点を合わせるのです。焦点が合えば、虫眼鏡一つで太陽の光も火を出します、発電もします。その道具、切っ掛けは、自らの中にあります。それを発揮させるためには、真《しん》に心を置き、日常の訓練を重ねることが近道です。

つい先般、三十五年間、尺八のご指導をいただいた、上田流尺八道三代目家元、上田芳誠先生がご逝去されました。個人的にはもちろん、鏑射寺としても大変お世話になりました。お悔やみに、通いなれた稽古場とご自宅に参りましたが、私の思い入れが強いことは否めませんが、いつものように濃い密度が感じられない。よく言いますが、ポッカリと穴が空いたという感覚でした。心というよりも体に感じる密度が薄い。本当に「寂しい」と思うほどの空気でした。

生きていることは、莫大な質量を持っていて、力を拡散、発揮している。まさに「遍《へん》照《じょう》尊《そん》居《い》ます」がごときで、「仏体そのものが人間なのだな」と感じたことでした。自分に内在しているエネルギーや質量、能力は気づきづらいものですが、これに気がつかないことは、「宝の持ち腐れ」と言われても仕方ないことと思います。いかに自覚し、発揮するか。その糸口を摑むよう努力をする期間が、この現生に人として生まれ出た意味なのでしょう。

王陽明の親孝行

先般、私と同年代と思われるご夫婦が、寺を訪ねてこられました。奥さまを十年ほど前に亡くされ、以後一人暮らしを続けている八十代の父に同居を勧めているが、一切色よい返事をしない。何とか父を説得する方法はないものか、というのです。

その方とは初対面でしたし、もちろん父上も存じ上げません。そこで、以前読んだことのある中国の親孝行の話をしました。大まかな筋は次のようです。

中国の陸象山という学者は親孝行がしたくて、考えて親が喜んでくれるであろうと思うことを一生懸命にやりますが、親はいつも妹のところに逃げるように行ってしまいます。

自分としては、もうこれ以上尽くせないというほどに親に尽くしているのに、親が逃げ出してしまうのです。いろいろ考えても方策が見いだせない時、当時、中国第一の親孝行者といわれた王陽明先生に相談をしたところ、自宅へ来るように言われ、出かけていきます。

そこで王陽明先生の様子を見ていると、今までに自分がしていたこととは全く正反対の暮らしぶりです。陽明先生は朝の遅い人ですが、親が起こしに来ると、ああそうですかと言って、すぐ起きる。もうご飯ができましたからと、親がご飯を給仕して陽明先生に食べさせている。そして着物の世話から何から何まで一生懸命、お母さんが世話をする。陽明先生はその通りにしている。それが親孝行の見本だという王陽明先生の暮らしぶりを見たのです。

陸象山先生、びっくりしましたが、親に孝行するということは、こういうことかと初めて知ったと。どういうことか。親の思っているとおりに子が振る舞う、ということが親孝行の至極の道である、ということを知ったというのです。

親がどんなことを思っているのかはわかりません。けれど、その親の腹に入ることが、つまりは親に孝行することであり、親と一つになることが、孝行することであるということを、象山先生は知ったわけです。それで、帰ってきた時に、その通りにやってみると、親は少しも妹のところへ行こうとはしなかったということです。

かなり極端な話のようにも感じられますが、親孝行だけでなく、あらゆる問題がこれと

同じように思われないでしょうか。弘法大師は、

父子の親親《しんしん》たる、親《しん》の親《しん》たることを知らず。

（『秘蔵宝鑰《ひぞうほうやく》』巻上）

親と子は相親しみ暮らしているようであるが、真に親しみあっているのだろうか。親子の親しみは自己を中心にした煩悩より発していることが多い、と記されています。親や子といった本当に親しい人に対した時でも、自分の立場や考え方を優先して、自分の都合がよいように、ことを運ぼうとしてしまっている。相手を思いやり、相手の心を最大限に汲み取り、和合・調和をはかること、「我《が》」を捨てた、「吾《われ》」の心で接することの大事さを説いておられます。

お互いがお互いを思いやりながら、潑溂と今を生きることに重点を置くことが大切なのではないのでしょうか。調和の心、感謝の心、心穏やかに妄信を捨て、真心に心を据えることができれば、問題は解決するのではないかと思います。

「迷悟、我にあれば」

四十歳を過ぎてから、お笑いの道に飛び込んだ一人の女性がおられます。それまでは、やりがいのある仕事に恵まれ、収入も安定していましたが、「人を笑わせることが好き、笑いで周りを幸せにしたい」という昔からの思いが強くなり、一大決心のもと、ついにこの世界に飛び込みました、と語っておられました。

多くの障害や苦難を予想したそうですが、実際にやってみると、「案外、他人は邪魔しないものなのだな」と感じたとのことです。そして、行く手を邪魔する最大の敵は、「自分のマイナスの想像力」だったと気づいたそうです。

迷悟《めいご》、我《われ》にあれば、発心《ほっしん》すれば、即ちいたる。

（『般若心経秘鍵《はんにゃしんぎょうひけん》』）

弘法大師『心経秘鍵』の言葉です。道理に迷って苦しむのも、力強く正しい仕事に励むのも、みな自分の決心次第であるから、大きく目標を定め、菩提心を起こし、日々の実生活に生かすようにすれば、「マイナス思考」も消え、次第に心の中が明るくなり、微笑みを浮かべて、潑溂と暮らせるようになるというのです。

守られるべくして守られるには、自らを磨こうとする決心と、磨き続ける持続の力が大切です。明るくゆったりと、豊かな心を養うこと、それが幸せにつながる菩薩修行の基本であるのです。

II

皐月《さつき》の章　「七福神は外に出られず」

「家を取り巻く貧乏神」

江戸時代中期、九州博多の古刹、臨済宗聖福寺に、仙厓義梵《せんがいぎぼん》師が住職をされておられました。この方は、今の岐阜県で生まれ、十一歳の時、空印和上の下で出家、以後、瑞巌和上、月船和上に師事し、禅の奥義を極められた方で、晩年、学問を志す若者には、

博覧強記《はくらんきょうき》にして智慧なきは、なお盲者の燭《しょく》を執るが如く、あに自己に無益なるのみならず天下の笑いとなる。

（『仙厓百話』）

「いわゆる秀才といわれる人も、真実の智慧（仏の智慧、仏の真理）を会得しなければ、何の意味もない。無益なばかりか天下の笑いものになる」と説かれて、修行と学問の二利《にり》双修《そうしゅう》を重んじて、後進の指導に当たられたと伝えられています。

名僧、学僧としても当代随一、と言われた方ですが、現代にもっとも知られているのは、「画僧」としてではないでしょうか。風刺のきいた洒脱な画風で知られ、東京の出光《いでみつ》美術館には数百点のコレクションが収蔵されています。多くの書画と逸話を残されていますが、その中の一つに、次のようなものがあります。

ある時、さる大家より新築落成の祝宴に招かれた仙厓和上、ご馳走を十分いただいたところへ、主人が「和尚さん、新築に因縁のある何かめでたいことを書いてください」と画箋紙を差し出されました。仙厓和上は快諾し、まず大きな屋敷と、その周りに数人の、それはそれは貧相なおじいさんとおばあさんを無造作に描かれ、そしてその後に、

「ぐるりっと　家を取り巻く　貧乏神」

と賛（せりふ）をつけられたそうです。それを見た主人はびっくり仰天、参席の一同もどうなることかと見守っていると、にっこり笑って仙厓和上は、

「七福神は　外に出られず」

と続きを書かれたということです。

新築祝いに、「家が貧乏神に取り巻かれている絵」をプレゼントされれば、誰でも驚いてしまいます。怒る人もいるでしょう。しかし、「七福神は外に出られず」の句によって、不吉な絵が最高の祝いの絵に変化したのです。

実際の絵の中に見えるものは「我家を取り巻く貧乏神」、そのことばかりに気を取られ、何とか追い払う手段ばかりを考えてしまいますが、後から書かれた、たった一行に触れたとたん、視線の先が貧乏神から家に向きます。しかも絵には描かれていない、家中におられる七福神が、財宝をわが家にもたらしてくれている姿を、いわば心の目でしっかりと認識できた、ということではないでしょうか。

気づきの後には、満座の一同も「これ以上の祝語はない」と膝を打って大喜びしたようですが、たった一言、短い一文に接することで状況は一変するのです。長く続いたコロナ禍の状況にどこか似ていると思いませんか。

世界は「重重帝網」

この現実社会では、個々のものが自分は自分、他人は他人とお互いに限定しあって存在しています。大きくは国家間の紛争から個人的な諍いまで、あらゆるところでまかり通っているように思われますが、対立しながらも存在しているということは、実はお互いがお互いを映しあって、つながりあっている「重重帝網《じゅうじゅうたいもう》」の世界であるということです。

そこのところを、弘法大師は、

六大無礙《ろくだいむげ》にして常に瑜伽《ゆが》なり
四種曼荼《ししゅまんだ》各々《おのおの》離《はな》れず
三密加持《さんみつかじ》すれば速疾《そくしつ》に顕《あら》わる
重重帝網《じゅうじゅうたいもう》なるを即身《そくしん》と名づく

（『即身成仏義《そくしんじょうぶつぎ》』）

「現象・実在の両世界の存在要素である六大（地・水・火・風・空・識）は、さえぎるものもなく、永遠に融合しあっている。四種の曼荼羅は、それぞれそのまま離れることはない。仏と我々の身体・言葉・心の三種の行為形態が、不思議な働きによって感応しあっているので、すみやかにさとりの世界があらわれる。あらゆる身体が、帝釈天の持つ網につけられた宝石のように、幾重にもかさなりあいながら映しあうことを、『即身』という」（金岡秀友師訳）と、真言密教の本質を示しておられます。

「見えないものは存在しない」とか「見えないものは信じるに値しない」などということをよく耳にしますが、「見えないけれども確かにある」「全てはみなつながりあい、支えあっている」ということに心をいたせば、密教や仏教の考え方がより分かりやすくなるのでしょう。

また、そうすれば、「信心」ということの捉え方も大きく変わり、人と人とのつながり、大自然の一部である自分という存在、そういったことも理解しやすくなるのではないかと思います。

貧乏神が家の周りを取り巻いてくれているがゆえに、七福神はわが家に留まり、福をもたらしてくれている、という捉え方ができれば、貧乏神を嫌ったり、撲滅したり、追いやったりする、という発想はなくなります。「感謝をせよ」とまでは言われないとしても、

「貧乏神さん、あなたはよい仕事をしてますね」と、思いをいたすことができれば、応分の供養は必要になるのではないでしょうか。

心の眼を凝らす

いずれにしろ、貧乏神のような新型コロナウイルスが世界中を取り巻いている昨今、わが家、わが国、わが世界を見つめなおすよい機会でもあります。いつ何に気づくのか、いつ気づけるのか、機会を待つばかりではなく、積極的に探す必要もあるように思います。

弘法大師は、こうお記しです。

法界《ほっかい》は一味《いちみ》なれども、機《き》に随《したが》って浅深あり。（『御請来目録《ごしょうらいもくろく》』）

「真理の場はいずこを切り離し取り上げても、永遠を貫き永久に変わらぬ光に輝いているのであるが、ただそれを受け入れる者によって、さまざまに区別される浅い深いが生ずるのである。真理の世界は、いつでもどこでも妥当にして必然なのである」（中川善教師訳）

と。

現在は、毎日のように目や耳にする、どこまでが真実なのか判断の難しいメディアの報道も大きな要因なのでしょうが、自らの先入観、また希望的観測や楽観・悲観に左右されて、「物事をありのままに見ること」がなかなかできにくくなっているような状況にあります。

このような外側からの情報ばかりに目を向けるのではなく、じっくりと内側に目を向けるよき機会なのかもしれません。自分や社会にとって都合が悪いように感じられることも、心の眼を凝らすことによって、大きな飛躍の種になることも多いのだと思います。

東北の地震から十三年余りが経ち、がむしゃらといいますか、眼先だけしか見えていないところから、全体をしっかり見ることができるようなところに変わってきているように思います。八方塞がりで迷っていた時期から、冷静に智慧を絞ることのできる本来の精神状態にもどってきた、ということでしょうか。

実際に、八方が塞がれた道に散乱していた瓦礫は取り除かれ、新たな道が開かれています。産業も徐々に復興してきていますが、その速度と同じように、「心の復興」は進んでいるのでしょうか。道路や産業の復興に尽力することはもちろんですが、「物の復興」が目に見えて進んでいる今こそ、「目に見えぬ心の復興」に尽力せねばならない時期なのでしょう。

太陽の光のように、空気のように、相手が気づいていても気づいていなくとも、「日々の祈り」を習慣にして、真の心を送り続けること、その姿勢を忘れぬことが日本人としてのつとめの一端かとも思います。

大日如来と「自身太陽」

太陽で思い出しましたが、先日、境野勝悟《さかいのかつのり》氏の講演録(『日本のこころの教育』)を読みました。それによると、「まだ仮説の段階ですが、人間の心臓を動かしているのは『太陽電池』であり、太陽のエネルギーを体内に取り込むレーダーのような働きをする物質があるのではないかという研究がされている」そうです。

そして古代の人々は、このことを感覚的に知っていたというか、太陽のおかげで自分たちが生かされていると考えていたようだ、とも述べられています。「太陽」のことを「お陰さま」といっていたことからも、自分たち人間の命の源は太陽であり、太陽の恵みによって生きていると自覚していた節が窺える、といいます。

話はさらに展開して、「日本」のことを「日の本」ともいいますが、「日の本」の「の」は格助詞であるから、「日が本」となり、つまりは「私たちの命は太陽が元」といっていることになる、と述べられています。

そして「私たちの命の元は太陽であると知って、太陽の恵みに感謝して、太陽のように丸く明るく、元気に豊かに生きる人々であり、全ての人が、共通の太陽のエネルギーによって生きているのだから、それぞれの特質や個性を活かし合っていこうという『和の心を大切にしている人々』と日本人を定義することができるのではないか」とも述べられています。

少し引用が長くなりましたが、おっしゃっていることは、同感できることです。たしかに日本人は古来より毎日、朝日を拝んできました。最近では、元旦に見られるだけの光景となりましたが、戦前戦後の頃までは、確実に習慣として残っていたのではないでしょうか。

アメリカの雑誌記者として来日し、その後、島根県で英語教師として松江に住んでいたラフカディオ・ハーンは、ある日の朝、自宅の垣根の外が騒がしいので気になり顔を出してみると、村の人々が川堀でうがいをし、顔を洗っていたそうです。そして山から太陽が昇るのを見ると、手をあわせてお祈りをしていたといいます。この光景を見たハーンは、「世界にこんな素晴らしい国民はいない」と深く感動し、小泉八雲という名で帰化する決心をしたとも伝えられています。

後宇多法皇は、このように記されました。

大日本国といっぱ、秘教《ひきょう》相応《そうおう》せらるる法身《ほっしん》の土なり。

（『御手印遺告《おていんゆいごう》』）

「わが国は大日如来の本国である」というのです。太陽を神として崇めている国は、ほかにもたくさんありますが、多くの場合、太陽と人間は全く別物であると明確に区別しています。これに対して密教では、太陽と自分が一体無二であることを強調しているのです。そうであればこそ、虫の声までも人の声と同じように、右脳で聞くことができるような感性が、日本人には身についてきたのではないでしょうか。

インドから中国へと伝わった正統の密教が、弘法大師により日本にもたらされましたが、時代を重ねてゆく中で、深く日本人の生活に結びつき、思想・文化に強い影響を及ぼしてきました。太陽を信仰してきた日本人が、太陽を表す大日如来を中心とした密教思想を受け入れ、発展させたのも、ある意味で当然のことであったのかもしれません。

真実の宝とは

「門より入るものは是れ家珍にあらず」という言葉があります。いかに高価なものでも、買ってきたものや頂いたものは、家宝（家珍）とは言わない。本当の家宝とは、元から家の中にあるもの、代々伝わっているもの、身近にいる人々である、というのです。

企業であれば、社訓や社員が家珍であり、お家にあっては、家訓や家族こそが本当の家宝といえるものである、というのです。さらに言えば、太陽のように周りを温かく照らす力、大慈悲心は、自らの中にある真実の宝にほかならない、ということでしょう。

また「帰家穏座《きかおんざ》」という禅の言葉があります。家に帰って穏やかな心で安んじている、と。「家」こそが、安心しきった境地をさすもののようです。なにごとをするにも、このような境地で行えば、よい智慧も出るのでしょうし、的確に先を見ることもできるのでしょう。

必然として与えられたいまこそ、心の眼を澄ませ、じっくりと「帰家穏座」して、真の家宝を探し、よき智慧をめぐらせ、「自身太陽」を精一杯に覚え感じて、被災地への祈りを捧げる時なのだと思います。

「心境冥会」ということ

弘法大師は、このようにおっしゃっています。

それ境は心に随って変ず。心垢《けが》るるときは、すなわち境濁《にご》る。心は境をおって移る。境閑《しずか》なるときは、すなわち心朗らかなり。心境冥会《しんきょうみょうえ》して道徳玄《はるか》に存す。

（『性霊集』第二）

「心の持ち方如何により、環境は染とも浄ともなし得る。またその反対に、心は環境の如何により移り変わるものである。環境が静かでのどかであるならば、人の心も朗澄にしてなごやかなものとなり、そこに心と境と一致し、かすかに会通して、人の履み行うべき理法も自然と明らかになり、本当の人間としての行いが出来得るに至るものである」（坂田光全師訳）と。

そのように「物心一如」が大原則です。環境（物）と人間（心）の調和を促すことが求められている今、至心に祈りを捧げたいものです。

［コラム］ 真楽③「八方塞がり・十方の智慧」

打開困難な問題に直面すること、深い悲しみに襲われること、嫌なこと、煩わしいことなど、私たちの日常生活では、さまざまな問題が起こります。

生きている限り、全ての四苦八苦《しくはっく》――生苦《しょうく》・老苦・病苦・死苦・愛別離苦《あいべつりく》・怨憎会苦《おんぞうえく》・求不得苦《ぐふとくく》・五蘊盛苦《ごうんじょうく》――を避けて通ることはできません。不満や愚痴がつい口を衝いて出てしまいます。長く続くとストレスとなり、体調不良、精神不安定の症状さえ現れることがあります。

こんな時、「生まれ変わった気持ちで、ことに当たれ」と、アドバイスをされることがあります。「今までのやり方で解決が困難ならば、生まれ変わったように、気持ちをすっかり切り替えて対応しなさい」ということなのでしょう。

やたらに新しいことばかりに着目しなさいということではなく、いままでの自分の考え方をしっかり整理し、いつでも取り出せる状態にしたのちに、新しい角度でものを見なさい、ということだと解釈できます。

これができれば、一方的な見方しかできなかったことが、違った角度から、複数の見地から、物事を冷静に、公平に、「正見」することができるようになるでしょう。そうなると、相手の立場も判り、理解が生まれ、自分自身の心も安まります。

八方塞がりの状況でも、残りの二方（上・下）は開いていることに気づく「智慧」を、早く身につけて、社会の灯《ともしび》となりたいものです。

水無月《みなづき》の章　お墓参りは「自分参り」

知っていること・知らずにいること

暑い中をようこそお参りくださいました。

今日は六月二十八日、先ほど気象庁から、「近畿地方の梅雨が明けた模様」との発表がありました。

観測史上最も早い梅雨明けで、梅雨の期間は最短の十四日間だったそうです。また六月下旬の十日間のうち、気温が三十度を超える真夏日は過去四十年間の統計では、平均して四・五日だったそうですが、今年（二〇二二年）は今日で八日目、明日も真夏日ならば観測史上初、ということです。

異常気象と言ってしまえばそれまでですが、「三十年、四十年に一度」とか「観測史上初」などということを聞けば、「これはめったにない機会、生まれて初めての経験をしているのだな」とも考えられますね。そのような発想ができれば、この暑さの中にも、ほんの少しでも嬉しさとともに涼しさを感じることができるように思います。

弘法大師は、

遇《あ》うと遇《あ》わざると、なんぞ、それ遥《はる》かなるや。

（『性霊集《しょうりょうしゅう》』第四）

と、知っていることと知らずにいること、経験していることと未経験でいることとでは、どのような分野においても大きな差になる、と記しておられます。

以前にもお話しましたが、禅の大家、菅原時保老師の回顧談を思い出しました。次のようなお話です。

「新潟で生まれて、七つの時に群馬のお寺に修行に出された。そこで、ある農家に経を読みに行った。まだ十歳にもならぬ時だったが、ふと、赤ん坊の泣き声がするので見ると、赤ん坊の後ろにはしゃもじが落ちていた。それにおしっこがかかっている。何も知らぬ母親はそのしゃもじを拾うと、そのままお櫃にご飯を移すんだ。わしは驚いたなあ。食事が出たが、箸をつけずに帰ったよ。

それから七日過ぎて、またその家に行った。読経が済むと、その家のお婆さんが熱い甘酒を出してくれた。寒い日だったし、熱いし嬉しかったので、勧められるままに何杯もお代わりをしたものだった。お婆さんも喜んでくれて、『小僧さんありがとう。この前は何も食べてくれなんだので、ご飯がみんな残ってのう。それで甘酒を作った』と言うんだ。

わしはまたびっくりした。七日前のおしっこのかかったご飯が甘酒になっとったとは知らなんだが、もう取り返しはつかん。わしは甘酒を見るたびに、そのことを思い出すなあ。受けないかんものは、いくら避けても受けないかんのですなあ」と。

どうせ避けることができないのであれば、潑溂と前向きに、事象に当たることで、生きる智慧も磨かれていくのだろうと感じています。

お墓参りは誰のために

梅雨が明ければ、この暑さもさらに本格的になってくるのでしょうが、関東地方ではもう七月からお盆の行事が始まるようです。関西では、八月お盆、九月お彼岸と、二ヶ月続いてご先祖さまに思いを寄せる時期、一年のうちで、最も手を合わせる機会の多い、祈りの二ヶ月間が始まります。お盆、お彼岸というと、ふだんのメイン行事は、何といっても「お墓参り」ということでしょうか。

「お墓参りにはいつ行かれますか」という質問をすれば、たいていの方は「お盆」と「お彼岸」と答えられるのではないでしょうか。年末に墓所の掃除には出向かれても、お正月にお参りされる方はごく少数のようです。皆さま方はいかがでしょうか。

もとより「お墓」への思いは人それぞれです。なぜお墓に参るのか、ということも絶対的な決まりがあるとは思われません。

個人的には、自分がいま生きているということは、両親をはじめ、四人の祖父母、八人の曽祖父母、というふうにさかのぼっていくと、二十代前で二百万人を超え、三十代前で約二十億人。さらに、弘法大師が高野山を開かれた頃までさかのぼってみると、じつに一兆人を超えることになります。

これほどたくさんのご先祖さまが一人も欠けることなく命をいまに繋いでくださったから、この「わたし」があるわけです。ですから、お墓参りは、有縁の者が潑溂と元気に過ごしていることの報告や、困ったことがあった時など、自分の中に内蔵されている幾多の経験や智慧を、整理し引き出すための切っ掛けを感じにいく場でもあると思っています。何かを感じるはずです。これほど莫大な数のご先祖さま方の経験と智慧をそっくり引き継いでいるのですから。

ですから、埋葬されておられるご先祖さまの魂がその場で眠っているとか、盆や彼岸ごとに帰ってこられる場であるとは、かならずしも考えていません。お参りする側がその場に出向くことによって、自らの心の中に思い出のある、おじいさんやおばあさんなど、見知っていたご先祖さま方が自然に思い出され、実際に会っているかのような感覚、そして「助言」が湧き出してくるような場であるのではないでしょうか。自分の心を映すモニターテレビというようにも感じています。ですから「お墓参りは自分参り」ということに尽きると信じています。

お墓と墓地は不穏な場所？

一方で、「墓場は気持ちの悪い場所」だとか、「よそのお墓を拝むと何某《なにがし》かがついてくる」などと感じておられる方もおられるようです。怪談話やテレビや漫画などによる誤解が、日本人の意識の中に刷り込まれているのでしょうか。

怪談やテレビの時代劇などで出てくる墓場は、たいてい荒れ寺の裏側、荒れ放題の墓地で、供養してくれる人もなし、といった状況をわざわざ強調して描かれています。怖く恐ろしく感じて当然だとは思います。ですから、潑溂と出向く場所ではないという負の要素を持たれている方もおられるのでしょう。

けれども、皆さまがお墓参りに行かれた時のことを思い出してみてください。なにかしら気配を感じながらも、霊園の入り口から歩いて目的の墓所を目指します。いざ身内のお墓の前に至った時、それまでの畏怖《いふ》の念は全く忘れたかのように、「おじいさん、おばあさん、会いに来ましたよ」「みんな元気ですよ」「孫がこんなに大きくなりましたよ」などと、まるで目の前にでもおられるかのように、生前と同じように声をかけて、懐かしさと慈愛の心をもって語りかけておられませんか。「確かにこの場所におられる」「いま実際に会っている」という感覚が、自らの中に湧き起こっているからなのでしょう。

墓所の草を刈り、丹念に墓石を洗い清めたうえで、お香を手向けて、お参りを済ませ帰路につく。ごく当たり前のことのように感じられますが、よく考えてみてください。もし墓所が不穏の場所であるなら、気持ちの悪い場所にご先祖さまを放置していることと同じことになるのではありませんか。また、一所を清めれば清めるほど、「掃き溜めに鶴」を作っていることになってしまうのではないでしょうか。

他所の掃除までは不要かもしれませんが、せめて霊園の入り口から墓所に至るまでの間、「光明真言」を唱えたり、心からの感謝の言葉を口にするなどして、この墓地に祀られている墓石の全てに行き届くよう、心がけてお進みいただきたいと思います。決して悪霊が取りつく、などということは起こりません。断言いたします。

ゴミ捨て場のようなところには自然にゴミがたまりますが、きれいなところにゴミを捨てる人は少ないものです。一人一人の墓参の心が清ければ、墓地全体が清らかな光に包まれ、心の垢も浄化されることでしょう。

お彼岸、お盆の時期だけではなく、折に触れてお墓参りをしてください。年の初めの行事として、お正月の習慣として、お墓参りをぜひ加えてみませんか。年の初めにしっかりと自分を見つめ、目標を心に刻むよき機会となることでしょう。お墓にまつわる世間の誤解が解けて正しく理解されることを願っています。

一般的な話ですが、不幸があった場合は、金封に不祝儀の袋を使いますが、お墓の開眼供養の場合は、紅白の祝儀袋を使います。同時に、納骨を行う場合などは別として、開眼法要や棟上げ式では、ネクタイも白のお祝い用を着用する「ハレの儀式」として執り行います。

「因幡の白うさぎ」の思い出

暑い夏を迎えるころ、なぜか必ず思い出すことがあります。もう二十年ほど前の出来事です。上の娘がまだ小学一年生でした。学校行事の学芸会で、クラスごとに演芸を披露するということで、授業中に作ったお面を自宅で完成させるために持ち帰ってきました。

どのような劇をするのか尋ねたところ、「因幡《いなば》の白うさぎ」だそうです。娘のもらった役は「ワニ」。因幡の白うさぎで出てくるワニは、もちろんフカかサメと思っていましたが、手にしているお面は、なんとクロコダイルのワニなのです。

わけを聞くと、先生が型紙を作ってくださったようで、それに色付けし、被《かぶ》れるように細工をするということです。まだ大学を出て間もない若い先生ということですが、山陰地方の方言で、サメを「ワニ」と呼ぶことをご存知ないのか、あるいは、ご存知のうえであえてそのようにされたのか分かりませんが、学校という場所で、教室という空間で、大好きな先生が教えてくださったこと、一生、心に残ることでしょう。はたして正しいことを知る機会は来るのだろうかと思案したのが、この時期でした。

そのように考えると、日本人の一年間には、お正月があって、お彼岸があって、お盆があって、またお彼岸があってと、季節の節目ごとに何らかの仏教行事といいますか、先祖や伝統を思い起こさせてくれる行事と結びついています。

このような行事が頻繁にあるからこそ、日本人であることや、また自分の命の繋がりをわずかながらでも確認し、自覚できているのだろうとも思います。たくさんの機会に恵まれている幸せを感じます。

お彼岸とは――此岸と彼岸

そのお彼岸とは何かということですが、この迷いの此岸《しがん》（このきし）に対しての彼岸（かのきし）ですから、古来インドの方々が、苦しみ多いこの場所から、広大な聖なるガンジス川を眺め、眼に見ることのできないあちらの岸にこそ、苦しみなど一切ない、極楽世界が広がっているのであろうと想像した、「憧れの場所」であったのだろうと思います。ですから、「彼岸」イコール「極楽浄土」という思いが根づいているのでしょう。

一般的には、「彼岸」というよりも「極楽浄土」というほうが頭の中でイメージしやすいのかもしれません。その極楽浄土とはどんなところかということですが、まず想像されるのが、「幸せ」に満たされた世界ということでしょうか。その「幸せ」の意味を広辞苑では、

一　運がよいこと。また、そのさま。幸福。幸運。

二　その人にとって望ましいこと。不満がないこと。また、そのさま。

と記しています。「幸せ」は「仕合わせ」とも書く通り、「お互いが協調しあって支えあう」ということから来ているように思われます。また、極楽世界を表す言葉として、

青色青光・黄色黄光・赤色赤光・白色白光

（『阿弥陀経』）

という言葉が仏典では使われますが、これは文字通り、青い色が青い光を、黄色い色が黄色い光を、赤い色が赤い光を放っているということです。つまり、「当たり前のことが当たり前に行われている世界が極楽である」ということを伝えているのではないかと思うのです。

言ってみれば、一切のものが調和のとれた生活を送っている空間こそが、極楽であるということです。「幸せは協調の心から生まれてくるもの」であって、これこそが彼岸ということではないでしょうか。

そういった心をもって一年中、生活ができていれば、これはもう「生き仏」であって、なんの憂いもなく極楽世界に住することができますが、なかなかそううまくはいきません。

ですから、お日さまが出ている時間と沈んでいる時間がちょうど同じ、昼と夜の長さがちょうど同じという、大自然のバランスが取れているこの時期を、「彼岸」と名づけたのでしょう。

春の彼岸であれば、寒さから解放され、日差しに温かさを感じられ、心も温まります。秋彼岸は暑さから解放されて、風も心も涼しさを感じられる。人間とて大自然の一部なのですから、穏やかな気候であるならば、心も穏やかになりやすい時期です。

彼岸に住する

弘法大師は、こう記されています。

春の華、秋の菊、笑んで我に向かう、暁《あかつき》の月、朝の風、情塵《じょうじん》を洗う。

（『性霊集』第一）

「森羅万象、総て暖かく吾れを迎え、ことごとく修養の種ならざるはない」（中川善教師訳）と。環境が整った時には、心も朗澄にして和やかなものとなる。心と環境が一致すれば、本当の人間としての行いができるようになる、というのです。

彼岸は、整った気持ちを持続するための切っ掛けの時期であると捉え、極楽浄土の民としての暮らしを持続していただければ、有り難いことだと思います。

心を整えると一口に言っても、なかなか難しいことではありますが、自分を整理するという意味で、お墓参りをし、懺悔《さんげ》をすることも、一つの方法です。

自分の心の中には、人によってそれぞれでしょうが、「ああ、悪いことをしたな」とか、「あの時、自分がこうしたばっかりに」などという悔やみごとが、いくばくならずあることでしょう。

そのような忘れられぬことも、もう一度しっかり反省してみることです。それは、「今度は必ずこうしよう」という心の支えにも繋がるはずです。反省しても反省しきれぬことも、もう取り返しがつかないのですから、新たな善行を積むことによって、つぐなっていくのです。

以前にもお話しましたが、一年も着続けた垢まみれの服を洗うのに、大量の洗剤がいるわけではありません、一握りの洗剤とバケツ一杯の水でこと足ります。十トントラック二十台分もあるような薪《まき》であっても、燃やすのにマッチ一本があれば、焼き尽くすことができる。罪もまた同様なのです。

そんな思いで、手を合わせ、祈ることによって、「協調」と「調和」が当たり前のことと捉えることができます。お彼岸を、しっかりと深呼吸をして心を整える時節にしてください。

今日彼岸　菩提の種を蒔く日かな　（詠み人知らず）

いま生きていることが彼岸に住していることと、どれだけ信じて毎日を送ることができるのか。生かされているいまに、心からの感謝をもって、じっくりとかみしめる時であると思うのです。

文月《ふみづき》の章　「認知的不協和」をこえて

「絶対の応援団」――心をこめて幸せを願う

今年（二〇二二年）、小学校に入学した児童は過去最低のおよそ百万人、ピーク時の約半数ということで、少子高齢化が進んでいるさまが顕著に見受けられます。新年度が始まって、およそ三ヶ月がたちました。数が少なくなったといっても、小学校、中学校、高校、大学、専門学校などへの入学、また就職、転職、退職など、人生の節目を迎え、新たな出発を始めた方は数多くおられます。皆さまの周りにもそういう方がたくさんおられることでしょう。

私事で恐縮ですが、わが家の長男と長女が今年、学校を無事卒業しまして、社会人一年生として歩み始めました。今はまだ研修期間中ですが、新しい環境に飛び込んでいきました。一、二度、日曜日に帰ってきましたが、嬉しそうに大変そうに研修内容を話してくれます。それぞれの専門分野のことですので、いまの時点で、もはや私には内容の把握がほとんどできないような状態です。それでも潑溂と話をしている姿は、有り難いもので嬉しくなります。

こんな時、親は何ができるのか、いろいろと考えはしますが、結論は「絶対的な応援団」であると自覚して、心配（こころくばり）と、心底からの声援を送ることなのだろうと思っています。いかなることがあろうとも、彼らの代わりはできません。彼らの人生は彼らの意思で切り開かれていくものです。発心し決心して、その道を選んだ以上、それを続ける心、「相続心」の持続と発展を、ひたすら信じて応援をすることなのだと思います。

以前、千秋楽を七勝七敗で迎えた力士のお話をしました。勝負の世界はどこも同じなのでしょうが、八勝を挙げて勝ち越すのと、八敗で負け越すのとでは給金や番付はもちろん、日常生活での扱いなど全てに違いが出るそうです。

千秋楽の土俵に上がる前までは、その一番に負けた時の姿や、その後のみじめな暮らしが、また勝った時の自分の姿や皆に祝福されている光景などが交互に頭をよぎり、前夜は一睡もできなかったということですが、いざ土俵に上がると、何も考えられず、ただ前に行くだけ、いわば「無」の状態になっていたそうです。が、その時、大歓声の中に自分を応援してくれている声が、はっきりと聞こえたそうです。その声が身体に浸み込み一挙に爆発するような感じになった時に勝負がついて、見事に勝ち越し。「足が勝手に動いてくれました」「応援してくださる人たちがいるという有り難さを心の底から感じました」と語っていました。

草木でさえ、褒めて育てれば美しく咲くといいます。人間同士ならば、なおさらのことなのでしょう。お互い通じ合うものがあるからこそ感じとることができるわけで、それが「本来みな仏」であることの証《あか》しにもなるのでしょう。口先だけの、うわべだけの声援や応援は、なかなか届きにくいものでしょうが、心の底から発露される応援というのは、必ず通じるのだと思います。

「真言宗」というのは、弘法大師が自ら命名されたものです。「真言」とはいろいろな解釈ができますが、「言葉はその人の心そのものである。成就するからこそ言葉になる」ということも、多分に含まれていると思います。面と向かって伝えないまでも、自らには聞こえるほどに言葉に出して、心を込めて幸せを願う。身内だけにとどまらず、縁ある者の全てに、心を込めた応援をしたいと思います。

新型コロナウイルスを応援する？

応援の仕方についていては、コロナ禍が始まったころに考えて、今でも実践していることがあります。「じつは私、新型コロナウイルスを応援しています」などと言いますと、「不謹慎なやつだな」と思われるかもしれませんが、少しお話いたします。

今はだいぶ落ち着きつつありますが、つい先日までは、新聞やテレビ、ラジオなどを見聞きしておりますと、世界中のあちらこちらで「コロナ撲滅運動」がおこなわれているように感じられました。「コロナとの全面戦争」などと銘打っているものもあり、完全に敵対視をして、この世から葬り去ろうということを目的としていました。

先に仙厓和上の逸話をお話しましたが、貧乏神がいてくれたからこそ、福の神もいて、わが家の宝物に気づくことができたわけですし、追い払い息の根を止めてしまえば、七福神も出て行ってしまうことになります。

そのようなことを踏まえれば、密教の立場としては、コロナウイルスを排除して抹殺してしまうのではなく、「成仏」への道筋をつけて導き、仏の位にまで引き上げるような方法をとることになります。

疫病はお釈迦さまの時代からありますが、その疫病は「行疫流行神《ぎょうえきるぎょうじん》」の怒りから起こっている、という解釈です。まず、その神々の怒りを理解し、そのうえで廻向《えこう》を捧げます。毎日拝む「行法次第」の表白《ひょうはく》（神分《じんぶん》）には、「外金剛部《げこんごうぶ》の五類諸天《ごるいしょてん》（胎蔵曼荼羅《たいぞうまんだら》の一番外側に祀られている、上居天《じょうこてん》、虚空天《こくうてん》、地居天《ちこてん》、遊虚空天《ゆこくうてん》、地下天《ちかてん》の五天）」や「三界九居《さんがいくご》の天《てん》王天衆《のうてんじゅ》（欲界《よくかい》・色界《しきかい》・無色界《むしきかい》の三界《さんがい》に住む九種類の存在）」などとともに、「当年行疫流行神」として、その年に流行した疫病菌までも勧請《かんじょう》し、般若心経、大般若経名を誦《じゅ》して、鐘を打ち鳴らし、怒りを鎮めた後、供養し、その安寧と成仏を拝むのです。

ですから、「コロナウイルスの応援」などというと誤解を招くことになるかもしれません。ご家族や知人の方が命を落とされたり、実際に罹患し苦しい思いをなさった方々には、「憎き敵」と思われることでしょうし、受け入れ難いことかもしれませんが、私たちの立場では、「同じ生き物であり、お互いが大自然の一部である」として、廻向の対象として捉えているのです。

最近では「コロナウイルスはなくなるはずがない、インフルエンザと同じように長く付き合っていくしかないので、コロナとの共生を考えるべきである」などと聞こえてくるようになりましたが、最低限のところがこの考え方であるというところまで、世間が認識してくれているのだと思います。

皆さま方も、予防は怠りなくお願いしますが、コロナウイルスのことを思われた時だけでもいいので、「早く成仏の縁につながるように」と話しかけて、ほんの短い間でも「般若心経」や、「光明真言」を誦してください。それが難しいとお思いの方は、コロナウイルスに「お寺に行って供養を受けておいで」と語りかけてください。

「多様不二」の世界・懺悔する心

それは絵空事のように聞こえるかもしれませんが、弘法大師はこうおっしゃっています。

毛鱗角冠《もうりんかくかん》　蹄履尾裙《ていりびくん》　有情非情《うじょうひじょう》　動物植物《どうぶつしょくぶつ》　同じく平等の仏性《ぶっしょう》を鑑《かんが》みて　忽《たちま》ちに不《ふ》二《に》の大衍《だいえん》を証《しょう》せん。

（『性霊集《しょうりょうしゅう》』第六）

すなわち、毛のあるもの、鱗《うろこ》のあるもの、角《つの》のあるもの、とさかのあるもの、蹄《ひづめ》や尾のあるもの、人間や動物など、心、感情、意識を持つもの、そして山川《さんせん》、草木《そうもく》、大地、岩石など、心を持たないもの、もちろん、風も火も、すべての動物、植物、この世の一切合切が、仏さまと同じ命をいただいて共有しあっている。

大宇宙に存在する全てのものは密接につながりあい、支えあっている。なに一つ不要なものはなく、それぞれが輝いている。心を尽くせば必ず通じ合える。それが仏の世界なのだ。そのように、「多様不二」こそが、仏さまの智慧であり、菩薩を自覚しての生き方である、と説かれています。

自分にとって都合が悪いからといって、頭ごなしに否定する排他的な言動は慎み、心穏やかに潑溂と過ごすことが肝要です。また、弘法大師は、こうもお記しです。

懺悔《さんげ》の力をもって、すみやかに不善《ふぜん》の網を絶つ。（『大日経開題《だいにちきょうかいだい》』）

一方的な見解をせず、万一誤解に気づけば、素直に過ちを認め、それを改めることができれば、悪い網を絶つことができる。その素直さが、仏智の発露へと繋がるのだ、ということでしょう。
「調和の心」ともいうべき「懺悔《さんげ》する心」は、ただ悔い改めるだけではなく、自分自身をしっかりと見つめることができます。一瞬の気づきをも感じることができる機会ですので、内在する自分の能力を飛躍的に高める効果もあるでしょう。

太田道灌の「山吹の花」

室町時代の武将、太田道灌《どうかん》は、最初に江戸城を築城したことでもよく知られていますが、武将としてだけではなく、学者としても、また歌人としても一流であったと伝えられています。多岐に秀でていたため、多くの逸話が残されていますが、とくに「山吹の花」の話は、戦前の教科書にも載っていたようで、年配の方にはなじみ深いようです。次のような話です。

ある日、道灌が供侍《ともざむらい》と鷹狩りに出かけたところ、突然の雨に見舞われました。近くにあった貧しい農家で蓑《みの》の借用を申し出たところ、応対に出た若い娘はうつむいたまま、山吹の一枝を差し出すばかりでした。

ことが分からない道灌は、「自分は山吹を所望したのではない。蓑《みの》を借りたいのだ」と声を荒げますが、娘はただ下を向いて押し黙るのみ。しびれを切らした道灌はついに、ずぶ濡れになって城に帰りました。時が経っても怒りの収まらぬ道灌が家臣にその話をすると、家臣から意外な話を聴かされるのです。

それは、平安時代の古歌（『後拾遺和歌集』兼明親王）に、

七重《ななえ》八重《やえ》　花は咲けども山吹の　実の一つだに　なきぞ悲しき

という歌があり、「蓑」と「実の」を懸けていたのではないか。そまつな貧しい家でお貸しするような蓑一つもないことを山吹に例え、暗に申し上げたのでしょうか、と。

指摘を受けた道灌は、少女の言わんとしたことを理解できずに腹を立てた自分の未熟さを大いに恥じ、その後、和歌の勉学に一層精進し、今に名を残されるまでになったということです。

「認知的不協和」とは――知識を智慧に

実話かどうかは不明ですが、江戸中期の儒学者・湯浅常山が書いた『常山紀談』に載っている話です。ただ、私の勝手な想像ですが、幼少期より英才と謳われていた道灌ほどの歌人が、この歌を知らずにこの場に遭遇したとは思えないのです。

ではどういうことか。鷹狩の途中、急な雨ということで気が散じて、和歌のことにまで思いが及ばなかった、ということではないかと思うのです。しかし家臣の進言によって思い起こされ、気がついた。はたと膝を打ったことでしょう。そして和歌の持つ奥深さを、身をもって知ることができたのです。

まさにこの一瞬によって、今までのうわべだけの和歌の学問が、真の部分に入り込んでいく切っ掛けとなったのでしょう。詰め込んでいた知識が智慧になった瞬間であったと思うのです。

間違いや勘違いを指摘された時、たいていの人は、自分の知っていることに間違いはないという、自己肯定的ともいえる「認知的不協和」が働き、なかなか非を認めようとはしません。胆力強く素直な人は他人の進言を正面から聞き、是は是、非は非、非ならば素直に自らの間違いを謝し、次への大きな糧とするのです。

たった一言の進言でも、生き様が変わることがあるのです。間違っていたことや、忘れ埋もれていたことが、たった一言によってハッと思い出され理解できた瞬間、まさに充実を自覚したその瞬間に、どのような言動をとれるのかということです。「間違っていたかもしれないな、何とか体裁を整えよう」とするのか、「間違いが分かって嬉しいことだ、今までの思い込みを正し、教えてくれた方に感謝して前に進もう」とするのか。それによって、生きざま、徳分、信用など、これからの人生に大きな違いが出てくるように思います。

「御朱印」の本当のこと

日常生活においても類似の事象はたくさんあります。分かってはいたことなのに、その状況下で思い出さなかったことや、間違った情報を信じ込んでいたり、疑問を感じながらも慣習的なものを信じていたりと、皆さんも心当たりがあるのではないでしょうか。

気づいた時に、すぐに改めることができればよいのですが、なかなかそうできずに、漫然と時を過ごしてしまうこともあります。日常的な仏事にも似たようなことが多く見受けられます。

一時期ほどではありませんが、久しく「御朱印《ごしゅいん》ブーム」が続いています。この御朱印についても勘違いは多く見受けられるのです。

当山は修行道場ですが、「近畿三十六不動尊霊場会」「西国《さいごく》十七愛染《あいぜん》霊場会」「神戸十三仏霊場会」「仏塔古寺《ぶっとうこじ》十八尊《じゅうはちそん》霊場会」「摂津西国霊場会」「郡《こおり》西国霊場会」と、六つの霊場会に加盟していますので、毎日、幾人かの霊場巡拝の方々をお迎えします。

また、参詣とは全く関係なく、ただ「御朱印集め」を目的とした来山者もおられますが、そのほとんどの方の第一声は「御朱印をください」です。当たり前のことのように感じられるかもしれませんが、お迎えする側からすると、少々困惑することです。

御朱印とは、もともと写経を奉納した証しとしてお寺からいただく証書（受け取り）で、写経奉納の日付をいれた和紙に朱で押印するために「御朱印」と呼ばれています。「御本尊の分身」と言ってもよいほどのものです。

現在では、「写経」をご持参なさる方はほとんどおられませんが、せめて、お堂に入って心静かに読経を奉納、参拝の後に、その証しをいただきに来てくださることをお願いいたします。決して「スタンプラリー」のような感覚で、コレクションすべきものではありません。

御朱印を集めることを目的とするのではなく、参拝をすることによって、仏さまとのご縁を結び、自身に内蔵されている仏心を発露する機会を多く持つことを、大きな目的とされることをお勧めいたします。心の迷いが生じた時や、困ったことがあった時などには、きっとお手元の御朱印が背中を押してくれたり、守ってくれたりしていることを感じられることでしょう。

御朱印の起源は諸説ありますが、一説では「六十六部廻国聖《ぶかいこくひじり》」と呼ばれる人たちが、全国の六十六ヶ所の霊場を巡拝し、経文を納めた証しとして受け取った「納経請取状《のうきょううけとりじょう》」であったとも伝わっています。

この聖《ひじり》の集団は巡礼に従事するプロの集団であったようで、江戸時代中期に起きた諸国巡礼の大ブームの折には、「代参《だいさん》」として願主の代わりに全国の社寺に経文を納めて回るということも、頻繁に行われていたようです。

自分の信仰のためだけならば、あくまでも目的は自己修練ですので、証書などは不要でしょうが、いわば商売としての巡礼となれば、確実に現地に赴き、願主の写経を納めた証しが必要になります。そのために寺側も納経受領の証として御朱印を発行したことが始まりとも伝えられています。

各寺院でも御朱印をいただく窓口が、「納経所《のうきょうしょ》」と書かれているのは、そのためです。代理参拝も結構ですが、寺院参拝の本筋を間違えないようにお参りをしていただければ有り難く、嬉しいことです。

やはり「御朱印のスタンプを」と言うのは、ご存知ないところから発せられる言葉なのです。知っている側が、迎える側が丁寧に説明し、本来の趣旨を説かなければならぬことなのでしょう。反省もしきりです。

「仏壇」の誤解

いま一つ、仏壇についての誤解と思われることですが、「わが家は分家なので仏壇は置いていません」とか、「分家ですから仏壇は置けないのです」と、そんな言葉をよく耳にします。三十歳代、四十歳代の方から聞くことにあまり不思議さを感じることはありませんが、年配の七十代以上の方からこの言葉を聞くと、さすがに愕然とします。

なかには「檀家総代」の肩書きの方であったりもしますが、では、分家の当主が亡くなられても、位牌は作らないのでしょうか。宗旨に違いはあっても仏教徒であれば、お仏壇が暮らしの中心であるのが当然だと思うのは、私だけでしょうか。

仏壇は読んで字のごとく、「仏さまをお祀りするための壇」です。ですから、荘厳具《しょうごんぐ》の花立て、蠟燭《ろうそく》立て、香炉《こうろ》、飯器《ぼんき》、献茶器《けんちゃき》など、お堂の荘厳《しょうごん》そのものが整えられています。

仏壇の前に座り、静かにご本尊さまと対話し、受け継がれてきた命の有り難さをかみ締め、内在する仏性を顕現させるための訓練の場でもあります。一昔前は、子どもを褒めるのも叱るのも、仏壇の前と相場は決まっていたものです。その意味では、お仏壇は仏さまのお居間そのものであり、仏間は本堂外陣に相当する浄域といえるのでしょう。

各家の仏壇の中央にはご本尊さまを、その両脇には脇仏さまをお祀りします。仏壇のご本尊さまをお祀りするのに、何がよくて何が悪いなどという決まりはないようですが、真言宗ならば本尊大日如来、脇には不動明王と弘法大師をお祀りします。ご本尊は、曹洞宗なら釈迦如来、浄土宗なら阿弥陀如来と、宗旨によりさまざまでありますから、それに準じてお祀りするか、あるいは檀那寺のご本尊さまをお祀りなさることもありましょう。

しかしながら、仏壇をお祀りなさっておられるお家でも、仏壇とは「位牌をお祀りするところ」といった思い違いをなさっておられる方も、多くいらっしゃるようです。

ご本尊さまより立派な位牌が正面真ん中に陣取り、仏壇の中は他の位牌でぎっしり、じっくり探さなければ仏さまが見当たらないこともしばしばです。

仏壇の中に位牌を祀るのは、仏さまの傍らにあって、ご守護をいただくためです。決して仏壇は位牌のすみかではありません。位牌はあくまでも脇役です。私たちは仏壇を拝む時、位牌に対して祈りを捧げているのではありません。

法事などの場合は、自らの左横に故人を感じ、一緒にご本尊さまを拝んでいるようにします。その結果として、ご本尊さまより故人に対して、功徳が回し向けられるのです。まさに「廻向《えこう》」なのです。故人はすでに浄域で仏さまとして活躍されているのでしょうが、年忌の時には、出家をし戒を授かった仏道修行者としてのかたちをとって、一緒に拝むのです。

分家であればこそ、お仏壇を置き、本家と何変わらぬ命の尊さを思う一家の中心となさることをお勧めします。「子は親の後ろ姿を見て育つ」といいます。仏壇は仏さまを供養し、亡き人にも出会い対話する場であるとともに、幸せな家庭を築くことの中心、子どもたちの豊かな情操を育む場でもあるのです。

　また、京都の一部ではお葬式から四十九日まで、神棚と共に仏壇まで閉めるという習俗があるそうです。いろいろな説はあるのでしょうが、仏壇に祀られた仏さまを拝まずして、何を拝むというのでしょうか。伝統や習慣は大切にせねばならぬものですが、その本質をしっかりと把握したうえで、間違いなら正して、継承していきたいものです。

［コラム］真楽④「厄年は役年」

厄年は「災難や障害が降りかかる年齢」といわれ、一般的には男性は二十五歳と四十二歳、女性は十九歳と三十三歳（いずれも数え）で、特に男性の四十二歳と女性の三十三歳は「大厄」として、生涯のうちで最も注意しなければならない年齢などと言われています。

この厄年の由来については諸説ありますが、四十二歳は「しに」という言葉の響きから「死に」を連想して、三十三歳は同じく「さんさん」を「散々」として、その歳を忌むようです。

確かに男女とも体調の変化、老化現象の兆しなどが出始める年齢で、健康に留意すべき歳ではあります。しかし、本来「厄年」は「役年」であって、村落の中で、一定の年齢に達した者が、祭祀の役人としての地位を与えられたことが始まりです。

一年間、その村の祭主として、神事、仏事の中心となり、身心の清浄を保ち、村の発展と村民の健康を祈るために、一心に役に打ち込んだ「祝いの年」でもありました。近年、村組織や、祭りの組織との結びつきが不明確となり、年齢だけが残されて、「役年」は「厄年」として定着してしまったようです。

本来、自分の持てる力を充分に発揮する機会であった役年を、厄年にしてしまってはもったいないことです。与えられた役に相応しい年齢になったという自覚と自信を持ち、十分に心しながら、嬉しく清々しく、本来のお役を果たしてまいりましょう。

ちなみに、皆さんが厄年にお参りされる「厄神明王」は、じつは「役神明王」で、智慧仏の代表「愛染明王」と、慈悲仏の代表「不動明王」が合体し、二面八臂のお姿となって、智慧と慈悲の両面を守護してくださっているのです。嬉しく役年を迎えてください。

葉月《はづき》の章　護摩木を作る

「黎明仏教文化講座」

この七月、国連事務総長、アントニオ・グテーレス氏が「地球温暖化の時代は終わり、地球が沸騰する時代が到来した」と警告されました。その言葉に妙に納得がいくほど、今年（二〇二三年）の暑さは身に沁みました。

とはいえ、「暑さ寒さも彼岸まで」と言います。日本の自然は、まだまだ正確に時を刻んでくれているようです。そよ風が待ち遠しく、有り難いことだと感じています。もう少しの間、この暑さを嬉しく感じて、草引きに精を出そうと思っております。

八月二十七日、鏑射寺護持会「公龍会」主催の「黎明《れいめい》仏教《ぶっきょう》文《ぶん》化《か》講座《こうざ》」が四年ぶりに開講されました。三十数年間続く講演会が中断していた理由は、いまさら言うまでもありませんが、世界中を席巻した新型コロナウイルスのためでした。

講師は、金沢工業高等専門学校前校長の山田弘文先生。会場に到着された山田先生は開口一番、「こんなに長い間、宿題を抱えたのは初めてのことでした」と、おっしゃいました。コロナ禍以前に講師をお願いし、ようやくこの日を迎えることができたのです。「待つほうも待つほうだけど、受けるほうも受けるほうだね」との言葉には、深い思索の長さに、心からの有り難さを感じました。

講題は「彼岸に思うこと（科学も仏教も知行一致）」。この講題を聞いたとき、先生のお顔が浮かび、「彼岸とは浄土のこと、浄土に住することができるのは仏のみ、つまり現生において、『自身即仏』に思いをいたした暮らしをすれば、科学も仏教も、存在の全てが、お互いがお互いを映しあって、融合している、まさに『重重帝網《じゅうじゅうたいもう》』の世界に身を置いていることに気がつくのだよ」という趣旨ではないかと想像しておりました。先生の講演は、私の想像をはるかに超えたもので、仏としての心の置き方、体の使い方にまで言及されました。穏やかな雰囲気の中にも、凛として内容深い講演会でした。

「よし、終わり！」——山田先生のあめ玉

山田先生と初めてご縁をいただいたのは、ちょうど五十年前、先生が防衛大学校を卒業後、内地留学生として大阪大学工学部、津和秀夫教授の室《むろ》に入り、研究生をされておられた頃です。私はまだ小学生、十一歳でした。

津和先生は鏑射寺とはご縁の深い方で、機械加工学の第一人者でありながら、南画、書も玄人はだし、また、お酒をこよなく愛された大碩学でいらっしゃいました。当時の鏑射寺は、「日本の梁山泊」といったおもむきで、医学、工学、哲学、文学、神学、絵画など、各分野の第一人者の方々が集い、毎日のように拝み、飲み、語り合っておられました。

津和先生も、鏑射寺から大学に通っておられた時期もあり、また毎年、大学院生の新入生歓迎会を鏑射寺の境内で開催し、むしろを引いての大酒盛り。酔いつぶれた学生さんの介抱には、子どもながらに途方にくれたものです。

鏑射寺は皆さまもご存知の通り、丹波に近い人里離れた山奥にあります。当時、同年代の友達が遊びに来てくれることなど皆無です。遊び相手は兄弟姉妹を除けば、深山の木々

や谷間を流れる清流でした。三歳上の兄はなかなか相手にしてくれません。私は嫌がる妹を引きずり出し、キャッチボールの相手をさせて、全力で投げ込んでいました。今思い返せば、かなりの無茶を強いていたようで、反省しきりです。妹はしとやかに、たくましく育ってくれました。

大人の出入りは毎日のようにあり、時々、私たちをかまってはくださいましたが、せいぜいキャッチボールの肩慣らし程度、鬼ごっこも十分か十五分、山中の探検に誘っても「あぶないから」と注意されるのが常でした。

ところが、山田先生ご一家が来られると、奥さま始め、私たちと年の近いお嬢さま、ご子息と共に、それはもう納得がいくまで遊んでくださいます。子どもの遊びに際限はないのでしょうが、汗だくになって、やっと気持ちが落ち着いたころ、甘いあめ玉が口の中に放り込まれ、先生の「よし、終わり!」の号令で終了。

あの頃を思い出すだけで、いまでも嬉しさがこみ上げ、われ知らず笑顔になっている自分に気がつきます。日曜日ごとに、山田先生ご一家の来山を楽しみにしておりました。

「徹底」と「けじめ」と「こだわり」と

時を経て、私は大学を卒業、二十二歳で高野山に登り、修行道場で四度加行《しどけぎょう》を授かっている時でした。一日三座の修法、朝晩の勤行、両壇《りょうだん》（伽藍・奥の院）への参拝、割り当てられた作務など、就寝時間以外はひまなど全くない、厳格な「徹底」と「けじめ」の毎日でした。

修行道場では当たり前のことですが、初心のうちは順応できない者も何人かおり、愚痴や不満も耳にしましたが、なぜか一切不満を感じなかったのです。その時、初めて気がつきました。遊びを通して、「徹底」と「けじめ」ということを、山田先生は私たち兄弟に植え込んでくださっていたのだということを。一瞬の気づきというのでしょうか、大きな財産をいただいておりました。山田先生には、心より感謝しております。

遊びを通してでさえ、大切な気づきを与えていただけるのですから、仕事や日常の暮らしの中にも、数え切れぬほどの教えが隠されているのでしょう。自分にとっては、ただの変わらぬ日常の業務であっても、関わる相手の人は毎日違います。自分の言動は何かしら相手に影響を及ぼしているはずです。

一仕事、一仕事に心をこめ、徹底して行い、必ずけじめをつけること。どのような仕事にも通底することでしょうが、出家であればなおさら、祈ることはもちろん、日常の言動に覚悟を持つことが当たり前として、行わなければならないのだと感じています。

日々の暮らしの中でも、「徹底」と「けじめ」というのは、事象に応じ程度の差こそあれ、ものごとの根幹といえるほど大切なものであると思います。辞書（『デジタル大辞泉』）を引くと、

徹底　一、中途半端でなく一貫していること。二、隅々まで行き届くこと。

けじめ　一、物と物との相違、区別。二、道徳や規範によって行動・態度に示す区別。
　三、連続する物事などの境目、区切れ。

と記されています。あわせて読むと、「物と物との区別をはっきりと付け、中途半端でなく、一貫して行うこと」と解釈することができます。ある意味で、「こだわり」という

ことに通じるのではないかとも感じています。そこで、「こだわり」を手近の辞典（『実用日本語表現辞典』）で引くと、

一、拘《こだわ》るとは、比較的どうでもいい事を気にしすぎて、いつまでも気にかけたり、必要以上に手を加えたりしたがることを意味する表現。

二、拘るとは、ある特定の事柄に対して強く執着する行為を指す言葉である。この行為は品質や完全性、細部への注意等、特定の基準や価値に対する深い敬意から生じる。

「こだわり」には、マイナスとプラスの両方の意味合いがあることが分かります。私が言う「こだわり」は、もちろん後者の方です。

護摩木はハゼの木から

寺におりますと、一日の中心は「祈ること」ですが、お堂の掃除や荘厳、草刈や庭木の手入れ、道の修復から山林の整備、護摩木作りなど、さまざまな作務のほか、命名や地鎮

祭、結婚式から法事まで、数え切れぬほど多様な依頼があります。

その作務の中で、今一番「こだわり」を持っているのが、護摩木作りです。当然ながら、これは「特定の基準や価値に対する深い敬意」からなされる事柄です。

真言宗寺院の多くでは、「護摩供養」「護摩祈禱」として、いくつかの護摩法要が厳修されています。鏑射寺は修行道場ですので、国家安寧、万民豊楽の息災護摩供《そくさいごまぐ》（内護摩《ないごま》。火を用いない修法を含む）を毎日修法しています。

前にも述べましたが、密教の修法は、原則として非公開ですので、毎月、当山開基、聖徳太子のご縁日と不動明王ご縁日の二十二日と二十八日の二日間に限り、有縁の皆さまと共に祈れるよう、護摩堂の扉を開けて、公開して拝んでいます。

護摩を修するためには、たくさんの護摩木が必要となりますが、鏑射寺では師父入山以来、全て自前で護摩木を作っています。小学生の頃から先輩方と山に入り、護摩木を切り出し、決まった寸法（修法する行者の身体と、炉の大きさとに調和させた長さ）に切って、墨をつけて、乾かし、割って束ねる、という手作業は、昔も今も一切変わっておりません。

当山で使用する護摩木の材料は、「黄櫨《キハゼ》」です。ウルシ科ウルシ属の落葉小高木です。同じウルシ科のヤマ漆、ツタ漆、ヌルデによく似ていますが、別物です。

真言宗各派、各寺院によって使用される護摩木の種類は、スギ、ヒノキ、ゴンズイ、ヌルデ、クリ、クワなど、いろいろと伝わっているようですが、普通にはヌルデを使うというのが、一般的な伝承のようです。インドでは菩提樹や優曇華《うどんげ》の木が用いられたということですから、お大師さまが密教を日本に伝えられたその後に、各山で護摩木の種類が定められたことは理解できます。

その中で、なぜ「ハゼの木」にこだわっているのかということですが、少なくとも高野山では、祖父の時代も父の時代も、護摩木は全てハゼであり、「それ以外の護摩木で修法したことはない」と聞いています。私も修行道場で、「息災の法に使う護摩木は〈甘き味の木〉」と教わり、ハゼの木を支給され、初心修行を終えました。

高野山ではなぜハゼが主流なのか。密教を伝えられた弘法大師の時代に何かヒントがあるのではないかと思い、以前に少し調べたことがあります。

すると、弘仁十一年(八二〇)二月一日、嵯峨天皇の詔《みことのり》によって、「朔日《さくび》や徳政、奉幣や節会《せちえ》に際して天皇の着用する服」を「黄櫨染衣」と定められた、という『日本紀略』の記述が目に留まりました。「それ以前の天皇の服については資料が乏しく、不明な点が多いが、凡そ白色等が用いられていたと考えられる」ということです。

天皇陛下がハレの重要儀式の際、お召しになられる「黄櫨染御袍《こうろぜんのごほう》」を染める材料は、その名の示す通り「黄櫨」の樹皮です。嵯峨天皇は弘法大師より即位灌頂をお受けになられました。また、お二人の関係性は数々の逸話や書面に残されるほど親密なものであったことは史実として明らかです。

そうであるならば、天皇のご着衣に関しても、ハゼの木の持つ不思議な力や実際の効能などを知っておられた弘法大師が全てを含んだ上で、護摩木からお衣を染めることを進言されていても、不思議はないと思うのです。とすれば、弘法大師みずからが、息災法に使用する護摩木はハゼと定められたのではないか、そのように考え至りました。

もとより、このことに学術的な根拠はなく、全ては私の想像の域を出ませんが、「弘法大師直伝の継承」という思いを持ったのが、私の「黄櫨」に限定した護摩木作りへのこだわりなのです。

護摩木を作る

毎年山に入り、護摩木作りを続けていますが、数年前から極端に採れる量が減り続けています。そんなことを思案していた頃、いままでハゼの護摩木を使っていたお寺の方々から、「ハゼの護摩木の入手が困難で、やむなくスギやヒノキを使っている」と耳にしました。

どうしてかと問うと、「高野山で護摩木を作る業者が廃業したり、廃業しないまでも高齢化が進み、自分で山には入らず木材業者から仕入れて作っているので、絶対量が足りない」「護摩木のハゼそのものが減っているようだ」などというのです。

「それならば、自分でハゼの木を探して、作れば済むこと」と言うと、「自分で山に登り、自前でハゼの護摩木を作っているお寺は、鏑射寺以外には知らない」と言うのです。鏑射寺だけということはないと思いますが、ほとんどの寺院が護摩木を購入しているのが実態で、有力な寺院でも、寄進を受けているか購入しているとのことでした。

危機感を持ったのでしょうか、「いずれ購入できなくなるのなら、護摩木を自ら調達しよう」という志を持った友人のお弟子さんやご子息、その仲間たちが、護摩木作りを教えてほしいと来寺するようになりました。

「代替品は使わない、自分で護摩木を作って、護摩を修法したい」という意志のある、まじめな若者たちです。もちろん、数百座の護摩供を自ら修しているのですから、ハゼの木は当然分かっていると思い、研修初日はノコギリとナタを渡して山に入りましたが、驚いたことに、およそ二時間で私以外は収穫なし。なんと山に自生しているハゼの木の姿形や色が全く分かっていなかったのでした。

出来上がったハゼの護摩木は知っていても、天然に生えているハゼの木を見るのは、初めてだったのです。たしかにハゼの木は、自生している山や日当たりによって、樹皮の色がかなり違いますので、松やヒノキのように簡単に見極めはできません。無理もないことです。分かっているだろうと思い込んでいた私の間違いでありました。

そういえば以前、当山で結縁灌頂《けちえんかんじょう》を行った折り、大量の樒《シキミ》が必要となり、何人かに山に入ってもらいましたが、樒を抱えて戻ってきたのは、私の兄弟子だけでした。シキミの葉は修行時代から、一口も欠かさず手に取り、お供養するものですので、誰もが知っているはずです。しかし、香華場《こうげば》のバケツに浸けられたシキミは毎日見ていても、山の斜面に自生するシキミとは全く別物に見えるようです。同じ轍《てつ》を踏んだことに反省しきりでした。

そこで、切り置きしておいたハゼの護摩木の原木を、ノコギリで切って墨を打つ作業を二日間、その後に、斧で割って束ねる作業を二日間、これも慣れぬ道具を使う根気のいる作業ですが、じっくりと向き合ってもらい、ハゼの樹皮の種類も木目も理解してもらった上で山に行きますと、一人前とはいえぬまでも、しっかりと見分けがつくようになっていました。それから数年たち、今では最初に来た若者たちが、後輩を連れて山に入っています。

さらに、護摩修法に欠かせぬ「つけ木」（枯れて数十年たった松の根）の見つけ方、掘り出し方、木目に添った割り方も伝えました。伝えるまでもない、当たり前のことと思っていましたが、誰しも知らないことは知らないのです。

伝わらないのは話し手の不徳であり、出来ないのは指導者の力不足ということです。相手に本意が伝わってこそ、伝承されていくのでしょう。ひたむきな若者たちの後姿に手を合わせ、今日もこだわりの護摩木で修法を続けられる幸せを感じています。

「命名」の依頼

こちら側の「こだわり」を無理に押し通せば、それはただの押しつけ、無理強いにしかなりません。今風に言うならパワハラにさえなってしまいます。こちらの思いと先方の思い、双方の基本の考え方が必ずしも一致していない場合は、すり合わせ、相互理解が必要不可欠です。

年に数件、「命名」の依頼があります。名前というのは、生まれた赤ちゃんが一生背負っていく人生の根幹でもありますし、生まれたわが子への愛情や期待、喜びが溢れるほどに詰まった、両親からの人生最初の大きなプレゼントでもあります。

「名は体を表す」という言葉もあるように、名前は他者に与える印象だけでなく、自身への影響も大なるもので、名前によって人生を左右されることも、考慮に入れなければなりません。「命名」を依頼されると責任重大。数十年にわたり、多くの方のお名前にご縁をいただいていますが、お一人として失念しているということはありません。

姓名学は、統計学的な要素が多くありますので、先徳の智慧や工夫がたくさん詰まったものでもあり、かなりの確率で有効であると考えています。画数や星の動き、名前の響き、出生時間などを吟味し、調整していきますと、「悪い」と言われているものは取り除かれていきます。

ただ、すべての面から一点の曇りもないという名前になることは、本当に稀れであるのです。ですので、足らぬ部分を極力少なくするために、他で補う作業をすることで、調和を図り、力の根源を安定させることに注力するのです。

依頼される方の第一声は、「一番良い名前を付けてください」が定番です。完全無欠の名前が欲しいとのお気持ちはわかるのですが、いま言いましたように、それはとても難しいことですし、依頼者の方に嘘はつけません。

そこで私はいつも、「一番良い名前は付けられないかもしれません。良い名前とは、この赤ちゃんを慈しんで、育んでいかれるご両親や祖父母の方々が、愛して納得して、心から喜んで呼べるお名前が、良い名前なのです」。

「私にできるのは、姓名学や占星学、生年月日、出生時間などを総合して、『悪い』と言われていることを、できるかぎり取り除く作業です。ですから、悪くない名前は考えられますが、良い名前はできないかもしれません」と申し上げています。

「その上でぜひ」と言われれば、「全てお任せいただけるのならば、精一杯のことをいたします」とお答えし、お引き受けしています。まったくもって「ややこしいことを言う坊さん」ではありますが、偽りのない思いなのです。

「自身即仏」に思いをいたす

今の時代、インターネット上では、「姓名判断」などは簡単にできます。画数や生年月日の入力だけで、容赦なく、良い名前、悪い名前と判断しているようですが、いかがなものなのでしょうか。

姓名判断や占星術、四柱推命など、さまざまな占いの類いがありますが、正当に伝わっている書物の奥書には必ず、「信心する者、この限りにあらず」という一文が付されています。「祈ることを習慣としておられる方は、この本に書いてあることは当てはまらない」ということです。しょせん、統計や慣習などのもろもろは、祈る力には及ばないということであるのです。

「自身即仏」の思いをいたせば、たとえ「悪名」との判断でも、とるに足らぬものです。自分の名前に込められた真意をくみ取り、名前と体を大きく育て、心豊かに日々精進を重ねていきたいものです。

［コラム］真楽⑤「印・真言は仏さまとの共通認識」

名前を呼び、手招きをすると、たいていの方は返事をして、こちらに近づいてくれます。また、「アッ」と言って指をさすと、そちらの方向を見てくれます。これは、手や指のかたちの意味を、お互いが共通に認識し分かり合っているからです。

真言密教では、他にはないほどさまざまな印を組み、真言を唱えます。この印や真言は、「仏さまと私たちの共通認識」であると捉えています。そうであるからこそ、「三密加持《さんみつかじ》」が成り立っているのだと確信しています。

「大きな目標」を共有し、小さなことでもたくさんの「共通認識」を持つことが、家庭においても、会社においても、さらには国家間においても、幸せに生きる秘訣なのだろうと考えています。

何気なく手を合わせる合掌も、仏さまとの大切な共通認識です。通じあっているからこその「仏さまと同体」を表す重要な印なのです。こだわりをもって、至心に合掌し、仏と一体となることを感じる。自身即仏、密厳浄土《みつごんじょうど》、幸せ一杯の社会が実現するための早道でもあると思います。

III

長月《ながつき》の章　「自身即仏」の目覚め

百日紅《さるすべり》の花

凌《しの》ぎやすい季節になり、日中の草刈もずいぶんと楽になってきました。今年（二〇二二年）の草木の成長具合は、今までに経験したことのないほどの勢いでした。境内各所の草刈は例年、一ヶ月に一回で済むのですが、今年は二回でも追いついていかないほどでした。六月中に梅雨が明けるという、「観測史上初」という特別な年でした。梅雨明けとともに厳しい日照りが一週間ほど続くと、梅雨が戻ったかというほどに一週間ほど雨が続き、また真夏の暑さが十日ほど続くと、また梅雨のような雨が続くという、草木にとっては最高のコンデションだったようで、伸びる勢いに目を見張る状況でした。

草木の成長とともに、花も美しく咲きました。花が多かったことが要因でしょうが、果実の実りも例年以上になりそうだとの報道です。とくに大師堂横の百日紅は、例年の三倍ほどの花をつけ、一ヶ月以上の間、見事に咲き誇り、お参りにいらした方から、「あの大きな赤い花はなんですか」と頻繁に質問を受けるほどでした。

いままでの脇役が一気に主役に躍り出たという印象でした。異常気象という言葉で済ませてしまうこともできるのでしょうが、草木や果実がこれほど見事に成長を見せてくれたということは、雨と日照りが絶妙のバランスであった、という捉え方をする方が、清々しく思えます。

先日、NHKの情報番組で、「地球上の植物と動物の重さを比較した場合、植物が九五・五パーセント、動物は微生物まで含めても四・五パーセントにすぎない」ということを言っていました。植物がこれほどまでに成長する条件が整っていたということは、動物である私たちが影響を受けていないはずはないのだろうと思います。

大自然の一部でもあり、植物とも密接な関係を持っている私たちも、知らず知らずのうちに大きく成長できるチャンスをもらっていたことになりますし、気づかぬうちに力を発揮していたのかもしれません。暑さが少しばかり凌《しの》げて、心に余裕のあるこの時期、じっくりと今夏を振り返り、これからのことを考えてみる。これからの生き方を、いま一度見つめなおすには絶好の機会かもしれません。

自身に内在するちから

何かやらなければならぬ時に、ぎりぎりになって、追い詰められたような状況で思いつく、また、何とも間に合わず、現場でとっさに出る言葉や行動もあります。それが決してすべて悪いということではありませんが、何か行動をとる前に、じっくりと心穏やかに考えて準備しておいたことは、とっさの思いつきとは違って、なにほどか品格というものがあり、全てに余裕を持つことができています。大きな行事をする時も、よほどの突発事象がない限り、準備が万端に整っていれば、まず成功は間違いないところです。

それを踏まえたうえで、今日から何か行動を起こされるとき、「今年は自然界から、特別たくさんのエネルギーを充塡してもらっているはずだ」と、しっかり確認してから行動してみてください。思わぬ力が噴き出るように感じられます。なによりも、自身に内在している力を自覚するということができると、思いもかけない視野が開けてくる、そういう時期に来ているのだろうと思います。

思わぬことと言えば、余談になりますが、秋になると楽しみな果実の一つに栗があります。毎年おいしくいただきますが、われわれが食する部分は、じつは「実」ではなく「種」であって、「実（果肉）」と呼ばれる部分は鬼皮と渋皮であり、イガが「皮」である、ということを知りました。皆さんご存知でしたでしょうか。いわれてみれば、なるほどそうか、でもあるのですが、あらためて農林水産省のホームページを開き検索したところ、間違いなくその通りとの結論を得ました。

身近にあって、知っているようで、じつは知らずにいることの、なんと多いことでしょうか。知識を得ることは楽しく嬉しいことです。

満天の星空の下で

真言宗では、「自身即仏」を自覚することが何よりの基本となっています。如実知自心、即身成仏、現世浄土と、表現はさまざまにあります。忘れてはならぬことと思っていても、実際に仏を自覚し続けることは、まことに困難なことです。

台風が去った九月の初旬、朝の五時頃、末息子をサッカー部の早朝練習に送って行った時のことです。まだ暗い空をふと見上げて驚きました。満天の星空なのです。幼い頃に夕イムスリップしたかのような感覚を覚えました。今も夜空を見上げることはありますが、これほどくっきりと美しく、光り輝いているような空は見覚えがありません。さまざまな公害によって大気が汚染されていたためでしょうか、台風という突風によってそれが一気に吹き飛ばされた感じがしました。本来ある自然の輝きを再確認することができた一時でした。

弘法大師は、『秘蔵宝鑰《ひぞうほうやく》』の第十住心で、

顕薬《けんやく》は塵《ちり》を払い、真言庫《くら》を開く。秘宝たちまちに陳《ちん》じて、万徳すなわち証す。

とお記しです。本来、みな仏性が備わっているが、塵《ちり》や芥《あくた》に覆われて、本質が見えないでいる。顕教《けんぎょう》はその塵を払いのけようとすることに努力するが、密教はその本質に直接アプローチをする、ということなのですが、自覚のできていない時は、塵を払うことによって初めて開くべき庫《くら》の存在を確認することができるのでしょう。たしかに、しっかりと自身の中に庫があることを認識することができたような一瞬でした。

「妙蓮不染《みょうれんふぜん》」というように、本来きれいなものは、なにがあってもきれいなのです。お大師さまは、こうも記されています。

一切衆生の身中にみな仏性《ぶっしょう》あり。如来蔵《にょらいぞう》を具《ぐ》せり。一切衆生は無上菩提《むじょうぼだい》の法器《ほうき》に非《あら》ざることなし。（『十住心論《じゅうじゅうしんろん》』第八）

みなが仏性を持った法器であることは間違いがない。ただそれが実際に現れるかどうかにかかっている、と。弘法大師はそういったことを繰り返し説かれています。

「仏さまと同体」——身・口・意の三密行

けれども、われわれは、「この場所が浄土である」「自身即仏である」という自覚ができずにいるわけです。自覚さえできれば、おのずと自分の立ち居振る舞いも仏さまと同等になり、生き仏としての暮らしができるはずです。

出家者には「祈る」「拝む」「修法する」という方法が示されていますが、在家者として、普段通りの日常生活を過ごす中で、これを自覚する方法はないものかと思案しておりましたところ、浄土真宗の大河内《おおこうち》了悟《りょうご》師の教えの一文に出会いました。

「小学生などは、明日は日曜日だと思うと、土曜のうちから嬉しさを実感する。日曜日の自由な、のびのびとした開放感が土曜日にまで確かに及んでいる。だから、日曜日は土曜日のあちらにあるのではなくて、土曜日のなかにもいわば入り込んでいる。浄土と娑婆《しゃば》も同じ関係で、娑婆で仏さまを念ずると、向こう側にのみあると思っていた浄土が、はや心の中に来ていることがわかる」と。

これには真言行の基本に通じるものを感じました。弘法大師は次のようにおっしゃっています。

諸仏《しょぶつ》も法界《ほっかい》なれば　我が身　中に在り　我が身も法界なれば　諸仏　中に在り

（『理観敬白文《りかんけいびゃくもん》』）

「諸仏は宇宙そのものであるから、我が身はその中心にいるのであり、自分も宇宙そのものであるから、諸仏はわれわれの中にいられるのである」（中川善教師訳）と。

真言密教は、身・口・意の三密行を説きます。「考えること（意）、行動すること（身）、言葉を発すること（口）」――この三つが仏さまと同じレベルに達すれば、すなわち生き仏であるということです。

出家者が毎日修法する次第も、まず仏さまの境地を感じ、仏さまと同様の印を結び、仏さまの言葉である真言を誦することによって、「仏さまと同体」を確認するのです。

これを普段の生活に当てはめると、いままでに経験した、嬉しいこと、楽しいこと、また充実した暮らしをしている姿を思い描く。また、将来の自分が溌溂と過ごしている理想の姿をしっかりと想像し胸に引き込む。そうすることによって、この思いと連動するかのように、嬉しいこと、楽しいことが口から発せられるようになります。そうすれば、自らの行動もそれにともない、「自身即仏」を感じられるのでしょう。

菩薩として生きる

以前にも、凡夫と菩薩の違いは、調和がとれているかいないかということに尽きる、ということをお話ししました。調和の取れた心の状態は、「自分だけが幸せになりたい」ではなく、「誰からでもよい、みなが幸せになってほしい」という思いが自然に湧き出すことでもあります。

穏やかな気候が続き、いつでも思惟《しゆい》できればよいのですが、自分が身を置く環境をしっかりと整えることも重要です。しかし昨今、コロナ禍によって視野が狭くなっているのでしょうか、「周りのことより、まず自分たちが優先」といった考え方がずいぶん増えてきたように感じています。

コロナ罹患者に対しての横暴ともいえる接し方、仕組みを熟知した官僚などによるコロナ支援金の詐欺、大手旅行業数社がそろって旅行補助金を水増し請求、個人商店の支援金不正受給数百件など、いらぬことを考えさせられてしまうような報道が多すぎるせいでしょうか、どうも小乗仏教的な考え方に陥っているように思えてなりません。

日本は大乗仏教の国でありますし、皆さま方もほとんどの方が大乗仏教徒であるわけですから、まずは大乗仏教徒としての立ち位置で物事の判断をお願いいたします。

大乗と小乗の大きな違いはご存知でしょうが、「小乗」は「小さな乗り物」と書くように、修行にしても日々の暮らしにしても、自分が阿羅漢《あらかん》という高い位の境地を目指す。今風に言えば、自らの地位や立場の確保、自分だけがよければ、ということになるのでしょうか。だから覚ったとしても、ただその境地に安住して菩提心を起こすことがない。決して小乗仏教が悪いということではありませんが、大いなる目的が自分だけの成仏や成功に向かっているということです。

それに対して「大乗」は「大きな乗り物」ですので、自利行や利他行というのも、あくまでも菩提心によってなされるもので、普《あまね》く一切の衆生に還元されることを目的として行われるものです。

聖徳太子の「十七条憲法」

そのことを現在の状況に置き換えれば、個（私）の地位や利益を優先するか、全体（公）のことのみを考えるのか、という違いになると思います。

もともと日本仏教では、私のことは一切後回しにし、公という国民の幸せと国家の安寧のために祈り働くことが、聖徳太子の時代より続いてきたのです。それは千数百年にわたって受け継がれて、それを良しとして今があるのです。真言宗のお寺でも、原則として国家安寧と国民の幸せを祈るということが、他の祈りよりも優先します。

先年は聖徳太子が遷化《せんげ》なされて千四百年に当たりました。有縁のお寺ではご遠忌《おんき》の法要が営まれ、聖徳太子の遺徳をしのぶ勉強会も各地で行われました。当山も聖徳太子の開基の寺ですので、何か大きなヒントがあるのではないかと、あらためて『十七条憲法』を読み返しております。

『十七条憲法』の趣旨は、「全ての人を自分の身内のように愛おしみ、他人も全て自分の一部分であることを認識せよ」ということだと感じています。そのうえで、国家平穏の秘訣はなにか、また個々の幸せとはなにか、ということを述べているのです。

『十七条憲法』の第四に、「役人は礼法を基本とせよ」と。公僕に礼法が保たれれば民衆の礼法も保たれる。「百姓《おおみたから》に礼《いやび》あるときは、国家《あめのした》おのずからに治まる」とあります。「おおみたから（百姓）」は、今のお百姓さんではなく、国民の全てということです。

皆さんがいま、『十七条憲法』の精神を思い出してくだされば、以前お話したように、その時その時に集中することができるようになると思います。「朝起きたら、目覚めたことに集中する。ご飯をいただいている時は、そのことに集中する。話をしている時は、話をしていることに集中する。歯を磨いている時は、そのことに集中する」。そのように、一瞬一瞬を感じとること。そんな癖がついて、本当に身についてくると、あらゆる事象に遭遇した時に、智慧が自然に湧き出してくるようになるのだと思います。

「大空位を遊歩する」

弘法大師は、こうおっしゃっています。

巨石《きょせき》は重《おも》く沈《しず》み、蚊虻《ぶんぼう》は短《みじか》く飛《と》ぶ。然《しか》りと雖《いえど》も、巨石舟《きょせきふね》を得《え》つれば、深海《しんかい》を萬里《ばんり》に過《す》ぎ、蚊虻鳳《ぶんぼうおおとり》に附《つき》ぬれば、高天《こうてん》を九空《きゅうこう》に翔《かけ》る。遇《あ》うと遇《あ》わざると、何《なん》ぞそれ遼《はるか》なるや。

（『性霊集《しょうりょうしゅう》』第四）

大きな石は水に沈むのが道理であるが、その巨石でさえも、大きな船の上にあれば、深い海も悠々と何万里も進むことができる。また、蚊や虻は短くしか飛べぬが、鳳のからだに付着すれば、高き大空を一気に飛ぶことができる。

その鳳も船も、自分白身の中にある能力なのに、なぜ気づこうとしないのか。気がついているのと、気がつかずにいるのとでは、大きな差になってしまうのではないか、と。

いまのわれわれは、河や海に囲まれていることを忘れて、どうしても陸路で巨石を運搬するような方法ばかりに気を取られて、船舶を用意することすら思い浮かばぬような状況に陥っているのではないでしょうか。

けれども弘法大師は、こうもおっしゃっています。


この身《み》を捨てずして神通境《じんずうきょう》を逮得《たいとく》し、大空位《だいくうい》に遊歩《ゆぶ》して、身秘密《しんひみつ》を成《じょう》ず。

（『即身成仏義《そくしんじょうぶつぎ》』）


闇夜のような迷いや執着も、大空三昧に入ったならば、もはや迷いではなく、一切の塵・芥のような汚れも、すべてが財となって、宝石のような財産になるのだ、と。

特別に時間をとってでも、じっくりと自身を顧みる絶好の機会です。環境は整っています。浄土での姿を思い浮かべ、「大空位の遊歩」を体感したいものです。

［コラム］真楽⑥「いまを耀いて生きる」

野球解説者の松坂大輔氏が、かつてボストンレッドソックスへの入団記者会見で、「僕は夢という言葉が好きではありません。見ることはできても、かなわないのが夢。僕はずっとここで投げられると信じて、それを目標にやってきましたから、今ここにいるのだと思っています」と語っておられました。

大きな目標が夢なのでしょうか、言葉の差こそあれ、思いつくこと、また一瞬の閃《ひらめ》きも、自分の中に備わっているからこそ、思いつき、閃くのです。思うことすらできないことは、夢に見ることもありません。思いついたということは、すでに自らの範疇に入ったということです。

天体望遠鏡を覗けば、はるか彼方の星の表面が、また顕微鏡で見れば、ミクロの世界までも覗き知ることができます。裸眼では見えないものも、「もっと見たい」「もっと知りたい」との夢が、智慧を出し道具を作らせました。それを適切に使うことができた時、夢は実現しているのです。

飛行機、列車、車などの交通手段も、年ごとに数段の進歩を遂げ、子どもの頃に夢見た「テレポーテーション」も、もはや夢ではなくなりました。「月へ行きたい」との夢も、今や現実です。夢や憧れは思い続けることによって、時間の遅速こそあれ、必ず具体化するものです。

「菩《ぼ》提《だい》無《む》上《じょう》誓《せい》願《がん》証《しょう》」、いただいたこのからだ一杯に詰まった慈悲と智慧、無限の能力を最大限に引き出し役立たせることが、いまを燿いて生きる基いとなるのでしょう。

神《かん》無《な》月《づき》の章　あるがままに見る

漠然とした危機感――進歩と伝統をめぐって

今年も残すところ、あと二ヶ月近くとなりました。この十月は気温の変化が目まぐるしかったことも影響しているのでしょうか、わたしたちの心の変化も大きかったようで、相談事やお話をうかがう機会が、過去最多と言ってもいいほどでした。それゆえ、新たな発見ということもありましたが、再確認できたことは、ものの見方というのは、これほどまでに多様な視角をもつものなのか、ということでした。

そういうことをあらためて経験しましたが、いま振り返ってみますと、その全てにおいて共通することは、「進歩というのは行き詰まりや閉塞感から始まっている」ということ、また「進歩しなければ伝統を守っていくことはできない」ということでした。あらためて、そんなことを思い知らされたのだろうかと思っています。

近頃、目にするもの、手に取るものは、全てといっていいほど、一昔前に比べると進歩したものばかりです。時間をかけて徐々に徐々に進んでいる、そういう事象にはなんとなくでも対応しているつもりですが、大きな挫折や行き詰まりがあると、ものごとは劇的な進歩を始めるのだな、と感じたのです。

伝統を守るにしても、自然環境はもちろん住環境などでも、似て非なるものの出現などがあり、基本の技法などは守りつつも、時代の速度に合わせていかなければ、いずれ埋没し、伝統そのものも途切れてしまうということです。本当になんとなくですが、漠然とした危機感に襲われました。

自分にとって進歩するとはどういうことなのか、また進歩するとして、どのように進歩するのがよいのか。現在、自分が置かれた立場や心の状態も含めて、「今の自分」をしっかりと見つめ、どこに向かっているのかという明確な目的を見定めることができなければ、時代からも伝統からも取り残され、距離ができてしまうように思うのです。

「信念」ということ

そういった問いに一定の結論が出れば、自身の身・口・意の三密も、臨機応変、その流れの中で、しっかりと伝統を守りつつ順応し、進化できるのではないのかと、そんなことを考えていると、ふと昔聞き覚えていたことが思い出されました。本当にうろ覚えなのですが、こんな話です。

巨人軍の長嶋茂雄選手が、選手を引退し監督になった年。ある選手が打撃不振に悩み、長嶋監督に指導を仰いだそうです。すると、「シューッと来たボールは、こうパーンと打つ。ググッと来た球は、グイッと打つ」というアドバイスをもらったということです。

それからは、それがどういうことか、悩みに悩んで、監督から受けた指導の本意も判らないまま練習に励み、なんとかレギュラーの座を獲得して、ようやく当たりが出てきた時、なるほど、シューッと来たボールはパーンと、ググッと来た球はグイッと打つのだという感じが分かってきたそうです。

「深く敬愛する長嶋監督に直に教えを受けた。全く分からないなりにも、信じて疑うことなく一生懸命にやってきた。信念をもって、ことに当たったおかげかもしれない」ということを、語っていたように記憶しています。

「信念」という言葉について辞書を引くと、「信じて疑わない心、信仰心」とあります。さらに、それぞれの文字について辞書を引くと、次のようです。

「信」とは、「誠、嘘を言わないこと、言行の一致すること、疑わない（相手を信じて疑わない、自分を信じて疑わない）、信仰する」とあります。

また「念」とは、「思う、思い、常に心の中に留めている思い、気をつける、注意する、深く思う、心に堅く覚えて忘れない、常に覚えていて心から離れない、詠む、口に唱える、望み、希望」とあります。

そこで、それぞれの文字を分解して見ると、次のようです。

「信」は、人偏つまり「人」と、「言」に分けることができます。また「念」は、「今」と「心」に分けることができます。

あらためて密教では、身（身体）・口（言葉）・意（心）の三つを、「三密」といい、この三つの要素が互いに相応して各々の調和が保たれた時、「即身成仏」が可能になると説いています。

その意味では、「信念」の「信」は、「人」すなわち「身」と、「言」すなわち「口」を表しています。また「念」は、「今」この身このままの「心」、すなわち「意」を表しています。「信念」は、まさに密教の精神をわかりやすく表現している言葉ではないか、と気づきました。これは仏教全般にも共通していることです。

どうしても密教や仏教というと、難しくてとっつきにくいものと思われがちですが、そうではありません。ある意味、密教あるいは仏教とは、「信念を持って毎日を送ること」と言い換えることができるわけですから、そう思えば、かなりハードルが低くなり、親しみやすいものに感じられるのではないのでしょうか。

「さざれ石」か「さされ石」か

的確な師を得て、信念をもってことに当たれば、自分を見失うことなく、全てに順応することができるように思うのです。

一字一句は入仏の父母なる者なり。

（『性霊集』第二）

「さとりのためには、教えの片鱗もゆるがせにしてはならない」と、記されています。ただし、どのような状況下で、どのような心の状態で、どのような師から教えを乞うのか、何に信を置くのかということは、自分の持てる徳分に大きく左右されるのでしょうが、一生を左右するほどの大事です。

先日、目の当たりにしたのですが、納経所で書き物をしていると、白装束に身をまとった五名の女性グループが愛染霊場巡拝のお参りにやってこられました。

先達と思しき七十歳くらいの方が、境内にある「さざれ石」の看板をチラッとご覧になって、「ここに『さされ石』がある、手が切れるから触らぬように」と大きな声で注意を促されました。すると、グループの方たちが実に素直に、「ハイ」と返事をしておられるのです。

「さざれ石」の「ざ」の濁点が小さくて見えなかったのでしょうか、「さされ石」とは、まことに失礼ながら笑いをこらえるのに苦労しておりますと、そのグループの一人の方が御朱印を受けに納経所の窓口に来られ、開口一番「手の切れるような危険な『さされ石』を、どうしてあの場所に置いているのですか」と尋ねられました。

「名前はよく似ていますが、あの石は国歌「君が代」に詠まれている『さざれ石』です。一つ一つの小さな石がさざれ石、その小さな石が固まって巌《いわお》となって、苔《こけ》がむしているのです」と、お伝えしました。「そうですか」と言ってお戻りになられましたが、その後どのようになさったのか、正しく理解してもらったのか、誤解されたままなのかは、定かではありません。正しく理解されたことを願うばかりです。

仏教の「三性説」

なにか驕《おご》った気持ちがある時、自分を大きく見せようとする時、つい知ったかぶりをしてしまった時などには、残念ながら相手だけではなく、自らにも賤の部分の方が現象として起こることを、身近にも感じることがあります。

私たちは「本来が仏さまそのものである」ということが根本ですが、残念ながらそれに気がつかないまま、日々暮らしています。自身の中に必ずあるその仏性に気づく「呼び水」のために、この娑婆《しゃば》世界でさまざまな経験を繰り返し、「仏性顕現《ぶっしょうけんげん》」の一瞬を待っている、と考えられるとすると、その一瞬を迎えるまでには、さまざまな心の段階を踏むことにもなるのでしょう。

その初期の段階や、気持ちが安定していない時には、道に落ちている縄を見て、「蛇がとぐろをまいている」と勘違いして、慌て驚き、それを本気で大勢の人に伝えてしまう。大騒動のもとにもなります。

イソップ物語に「オオカミが出たぞ」と嘘をついて世間を騒がす少年の話がありますが、あの少年は嘘をついていることを自覚しているわけですから、いずれ反省の機会もあります。しかし、本当だと信じ込んでの言動は、反省の機会を得ることも困難のうえ、かえって、よいことをしたという間違った思い込みになってしまう可能性もあります。知らず知らずに自信をもって罪を作っていることになりかねません。

インターネットの発達によって、誰もが主役になり得る時代です。自分の思うままを公に発信することが可能になっています。偏った情報を入手したとたん、信じ込んで、精査することもなく、インターネット上に「つぶやき」として投稿する。全く身に覚えのないことで誹謗中傷にさらされた多くのネットの事例は、皆さま方もよくご存知のことと思います。誰もが発信力を持つ時代になっているからこそ、よほど心を配らなければなりません。

そういったことも、われわれの多くが、唯識《ゆいしき》に説かれる「三性説《さんしょうせつ》」の最初、「遍計所《へんげしょ》執性《しゅうしょう》」つまりは「囚われの世界」を脱していないからこそ起こることなのでしょうか。

ここで三性説とは、遍計所執性、依他起性《えたきしょう》、円成実性《えんじょうじっしょう》の三つをいいますが、大雑把に言うと、迷いと悟りの転換の構造を表したものです。遍計所執性への執着を離れることで、依他起性において円成実性たる空性が現れ出る、ということを示しています。

難しく聞こえるかもしれませんが、通達するまでの間は、高御座《たかみくら》に立つように、冷静に、じっくり全体を見据え、正しいことを行う癖をつけたいものです。

「自浄其意」とは——「七仏通誡偈」から

また、どなたでもできる実践行の一つとして、仏教全般の基本ともいわれる「七仏通誡《しちぶつつうかい》偈《げ》」（『法句経《ほっくきょう》』）があることは、よくご存知のことと思います。仏教徒として常に心に留めおくべき内容の四句からなりますが、念のために申し上げれば、次のようです。

「諸悪莫作《しょあくまくさ》」もろもろの悪を作すことなく、
「衆善奉行《しゅぜんぶぎょう》」もろもろの善を積極的におこない、
「自浄其意《じじょうごい》」自らの心を浄く保つ、
「是諸仏教《ぜしょぶっきょう》」これが仏教の教えである。

前の二句は、「あらゆる善をなし、あらゆる悪をなすなかれ」と。悪いと思われることはしない、しっかりと高御座に立って、善いことを積極的に行う。とくに、罪と気づかず犯してしまう罪を極力減らす心構えを持ち続けること、そして知らずに悪を行ってしまった場合には、気づいた時にすみやかに謙虚に反省し、心より懺悔《さんげ》をすることです。

そう難しいことではないように思われますが、そのけじめを仏さまはどこへ付けておられるかを理解した上での実践をお願いします。それは「自浄其意」であることが絶対条件であろうかと思います。

「自浄其意」とは、「自ら其《そ》の意《こころ》を浄《きよ》くすること」。具体的には「我」がないこと、と捉えられます。「我」があるから、「其の意」が浄くならない。「我」を捨てて、「吾」を自覚する信念を保つことが大事です。

何度も言うように、「我」は、調和・協調を無視した生きざま、考え方です。「我」という漢字は、「手に戈《ほこ》」、つまり、のこぎり状のこん棒と戈を振り回している心の状態です。我を張った状態の人に近づくと怪我をしますので、誰も近づこうとはしません。我を張れば張るほど、孤立し本質から離れていってしまいます。

それに対して「吾」は、「五」と「口」。「五」は「地・水・火・風・空」の五大であり、大自然そのものと見てもよいでしょう。それを「口」でしっかり味わい、一体になった状態が、「吾」ということです。

池に住む鯉

恥ずかしいことですが、自らが「我」の立場であったことを思い知らされた出来事がありました。鏑射寺の境内には、文久二年(一八六二年)に造営されたという石造りの西国《さいごく》三十三ヶ所観音霊場があります。鏑射寺の境内にいながら西国参りが出来るという石塔群です。琵琶湖に見立てた池もあり、竹生島も作られ、島内には第三十番札所、宝厳寺さまを模した石祠も整っています。

その池には現在およそ二百匹ほどの鯉が住まいしており、春彼岸を過ぎたころから十二月までは一日二回の餌やりが日課となっています。ある日、餌やりをしていると、参拝中の数名の方が鯉を目当てに寄ってこられ、話しかけられました。

第一声は「和尚さんはよほど鯉がお好きなんですな」と。「ドイツ鯉が多いですな」「あの鯉は三色のいい鯉ですな」、そして「相当なお金をかけておられますな」などと、返答に困るようなことを矢継ぎ早におっしゃいます。かなり鯉に詳しい方のようで、鯉の種類から始まって、さまざまなことを言われます。そこで、この池ができた経緯と鯉が住むようになったわけをお話しました。

もともとは水深五十センチ程度の庭池でしたが、本堂再建の折り、消防法の規定によって一定量の消防用水の貯えが必須であったために、水深一・五メートル程度に掘り下げ、建築許可が下りるだけの水を貯めるために、大改修した池であること。

数ヶ月後、知らぬ間に数匹の鯉が泳いでいることに気づいたのをきっかけに、「家で飼っている鯉が増えたので、この池に入れさせてください」とか、「品評会で賞を取りましたので、お参りの皆さまに楽しんでもらってください」などと、いつの間に数が増え、体長一メートルほどの草魚まで泳いでいて、びっくりしたことなど。

餌だけやって他のことにかまわずにしていたところ、死ぬ鯉が出てきたため、あわてて造園屋さんに相談、酸素補給のために滝を作り、新たに浄化装置、循環ポンプを設置し、渇水の折には井戸水を継ぎ足せるように工夫したこと。

さらに鯉が卵を産んで、そのため毎年、増えていくこと。するとサギが来て小鯉を攫っていき、大きな鯉の背中をつつくので、防鳥用のネットが毎年必要なこと。

それで今では、月に一度、水の消毒と濾過機の掃除、毎日の餌やりが習慣となってしまったことなどをお話しました。

「我」ではなく「吾」であるために

その方は、「これだけのものが自然に集まりましたか」と驚かれていましたが、「当初は鯉には全く興味はなかったのですが、生き物がこれだけの数、縁によって身近にいれば、世話もしますし、自然に愛着も出てきます」。

医王の目には途《みち》に触れてみな薬なり。解宝《げほう》の人は鉱石《こうしゃく》を宝と見る。知ると知らざる何誰《たれ》が罪過ぞ。
（『般若心経《はんにゃしんぎょう》秘鍵《ひけん》』）

優れた医者の目には、道端の雑草も薬草と見え、宝石が解る人には石ころにも宝を見出すことができるように、物事の本質を見極められる人は、凡人が気づかないところにも大きな価値を見出すことができる。知らぬということは、大きな罪にもつながることである、と。

弘法大師のお言葉通り、知らぬままでいたこととはいえ、生き物の命をいかにないがしろに扱っていたことでしょうか、気がつかなかったとはいえ、自らの「我欲」によって、かなりの命を失わせてしまっていました。鯉の価値もさることながら、命の価値を見出せぬままでいたことは、大きな罪であったと反省しています。

しかし取り返しはつきません。良寛禅師は、

災難に逢う時節には、災難に逢うがよく候。

と説かれました。これは、負け惜しみでも、開き直りでもなく、純粋に自分に言い聞かせるための言葉なのでしょう。すでに遭ってしまった災難は、なかったことにはできません。知らなかったことを知っていたことにもできません。もちろん罪が消えるわけでもないのです。この良寛禅師の「諦《あきら》め」は、「明らかに今現在のすがたを見定めること」なのだと感じています。

私には「手間のかかる鯉」「日課としての餌やり」ですが、その方にとっては、宝の山に感じておられたのでしょう。今までのことが戻るわけではありません。気づきの機会を得たことに感謝し反省して、なにごとも「明らかに見ることができる智慧」の心である、「吾」でありたいと感じたことでした。

あるがままに見る——懺悔と感謝

「一所《ひとところ》に焦点を合わせながら、悠々と全体を見据えた生き方」、難しいことのように感じますが、ひょっとしてこれは「車の運転」にも似ているのではないかと思いました。

車の発車前には、前後左右の安全を確かめます。前進している時には、前方を注視しつつ、速度計、サイドミラー、バックミラーに注意を払っています。ギアをバックに入れると、前進時よりもさらに、側面、とくに後面には細心の気配りを行って運転をしています。人生はよく「航海」にたとえられますが、これはやや茫漠としてなかなか実感がわきませんが、「車の運転」という身近なところにも、心を鍛える訓練の場があることに気づかされました。

ご存知のように、江戸時代前期の俳人、松尾芭蕉は、「古池や蛙《かわず》飛び込む水の音」と詠んでいます。人それぞれ、この句の解釈は異なるのでしょうが、心穏やかに静寂を味わっているところに、蛙が飛び込んだ水音によって静寂が破られ、ハッと我に帰る。しかし、その一音を契機に、心はさらに深い静寂を感じることができるのです。

「瞑想を邪魔した憎き蛙」と捉えるのか、「瞑想をさらに深みへと導いてくれた有り難い蛙」と感じることができるのか、一生の間には大きな徳分の差になるのだろうと思います。

新型コロナウイルスはいま新しい波、勢力を盛り返してきています。だれしも、いつ罹患してもおかしくないような状況ですが、今まさに、凡夫の視点を捨て、あるがままに全体を観ることができる智慧磨きの機会ではないでしょうか。コロナ禍の感じ方次第では、コロナ前の充実していた暮らしが、コロナ後にはさらに深く充実したものになることでしよう。溌溂とした感謝の日々を送りたいものです。

知って犯す罪はもちろんのこと、罪を重ねないようにすることが、「進歩」の大前提であろうかとも思えます。「秘密荘厳心《ひみつしょうごんしん》」を心に据えての毎日を送りたいものです。

霜月《しもつき》の章　悠々と生きる

「舞い散る落ち葉」とは

秋も一段と深まり、毎日の落ち葉掃除からも解放され、今は三日に一度ほどで、「風情ある雰囲気」に仕上がりますが、舞い落ちる紅葉の葉っぱを浴びながら掃除をしている時、ふと、以前、ＮＨＫで放送していた朝のドラマの主題歌を思い出し、口ずさみました。

「公園の落ち葉が舞って　飛び方を教えてくれている　親切にどうも　僕もそんなふうに軽やかでいられたら……」。若い女性の主人公が、パイロットを目指して奮闘するドラマです。

主人公の視点から歌詞が書かれているのでしょうが、「空への憧れ」「空を飛ぶこと」が常に頭の片隅にあると、舞い散る落ち葉を見ても、素直に我が身への「教え」と感じることができる。心の中にある「泉」から、「舞い散る落ち葉」という呼び水を得て、湧き上がり、具体化する瞬間、自分の中にあるからこそ、感じられることなのでしょう。
沢庵禅師は、こう説かれました。

心こそ　心迷わすこころなれ　心に心　心許すな
（『不動智神妙録《ふどうちしんみょうろく》』）

確かに、大好きな人ができたとき、だれしも「あばたもえくぼ」に見えますが、嫌いになれば「えくぼもあばた」に見えたりします。心の置きどころによって欠点が長所に、また長所が欠点に感じられたりすることは、皆さま方も一再ならず経験をお持ちのことと思います。そうならば、自分の観方ひとつで、「自分の心はいかようにもコントロールできる」ということになりはしないでしょうか。
笑い話のようですが、恋愛中「あばたもえくぼ」に感じられていたとしても、結婚すればいやおうなしに「えくぼはえくぼ」「あばたはあばた」と、ありのままに認識できるようになります。一過性の恋が愛に変わり、慈愛に発展すると、物事が正確に捉えられるわけです。そのうえで、「全てよし」という認識ができる。「安定した心の状態」つまりは「大智《たいち》」のうえに、「大慈悲心《だいじひしん》」が湧き出します。

心の置きどころ一つです。尽きない落ち葉を掃きながら、「まだ落ちてくる、いつまで掃除は続くのか」と、ため息をついている自分を恥ずかしく、情けなく感じてしまいます。せめて、「枯葉が落ちてくれるからこそ、こうして楽しく掃除ができるのだ」という思いを持ち続けたいと思います。

愛染さまのお祭り

落ち葉一つでも感じ方がそれぞれ違う。同じものを見ても、人それぞれの捉え方があります。生い立ちや立場が違うのだから当たり前のこと、と理屈づけはできそうですが、それだけではない、何か違うように感じております。

今年も、愛染明王《あいぜんみょうおう》を讃嘆《さんたん》し、自身内在の仏智を湧き出させるための法要「大般若経転読法要、愛染祭り」を無魔成満《むまじょうまん》することができました。愛染明王は「煩悩即菩提《ぼんのうそくぼだい》」ということを主に示され、もっとも私たちに近いところで、仏智発露《ぶっちほつろ》を促してくださる「智慧仏の代表」と捉えることができます。

「自分自身は本来仏さまである」ということが、密教の基本であることは常に申し上げていることです。弘法大師は、

我が仏は思議《しぎ》し難《がた》し。（『秘蔵宝鑰《ひぞうほうやく》』巻下）

（人は生まれながらにして仏である。しかしそのことは容易に悟ることができない）

ああ、自宝を知らず、狂迷を覚《かく》と謂《おも》へり。愚に非ずして何《いか》ん。（『秘蔵宝鑰』巻上）

（哀れなことに、本当の自分の尊さに気づかず、欲に狂い迷っている姿を、真の己だと思っているのである、愚かと言わずして何と言うべきであろう）（中川善教師訳）

など、数限りないほど、「自身即仏の自覚」を促してくださっています。本来が仏であるのならば、いかにそれを引き出すか。

楽しむ人は、いかなる苦難があっても、その中に楽しみを見出して、なんでも楽しみますが、苦しむ人は、楽しみの中でさえ負の要素を見出して、なんにでも苦しんでいるように感じます。「なにごとにも前向きに嬉しく楽しく生きる癖」をつける日常を過ごすこと

が、せっかくいただいた命を燿かせるコツなのではないのでしょうか。

わたしの中の「三蔵法師」と「三人のお供」

中国四大奇書の一つに『西遊記』があります。ご存知のように、三蔵法師が白馬に乗って、孫悟空、猪八戒《ちょはっかい》、沙悟浄《さごじょう》をお供にしたがえ、幾多の困難を乗り越えて、天竺へ「取経」を目指すという物語です。この物語は、「人としての生き方」「煩悩の抑え方」「菩提心の発露の仕方」などを学ぶという読み方とともに、「自身即仏の自覚」を促している物語でもあると思います。

百八あるとされている煩悩の中でも、とくに私たちを悩ませる三つの大きなものが「三毒」といわれる煩悩です。三毒とは、貪《とん》・瞋《じん》・痴《ち》、つまり欲・怒り・愚痴を指します。貪とは、貪欲《とんよく》で、「むさぼりの心、執着する心」。瞋は、瞋恚《しんい》で、「怒ること、腹をたてること」。痴は、愚痴《ぐち》で、現代では「愚痴をこぼす」などとも使われますが、本来の仏教での愚痴は「真理を知らないこと」をさします。

三蔵法師のお供は、色ボケ、欲ボケの猪八戒、すぐに怒り、如意棒《にょいぼう》を振り回す孫悟空、ものごとの前後を考えず知ったかぶりをして軽率な行動をとる沙悟浄の三人です。このように三毒の代表として、猪八戒、孫悟空、沙悟浄が描かれています。

ところがじつは、お供の三人は存在せず、三蔵法師の心の中にこの三人（三毒）があり、いかに三毒を抑えるのか、どの面を前面に押し出して苦難に立ち向かうのかということが、取経の旅を通して描かれているのです。この三人を、自らの分身として上手に操る三蔵法師の心の据え方には学ぶところが多くあります。

もちろんこの三毒は、常に私たちの心の中にありますので、日常の暮らしの中では、私たちの心を蝕み、清らかな心を失わせる原因となることが多くあります。節分行事におこなう「豆まき」ですが、豆は「魔滅」に通じ、鬼を三毒に見立てて、自らの心から追い払おうとする儀式であり、三毒の除去は古来より仏道修行の大きな課題でもあります。

三毒を懺悔する

真言宗の檀信徒の皆さまは、毎日のように仏壇の前でお勤めをなさることでしょう。その折り、手に取る『真言宗仏前勤行次第《しんごんしゅうぶつぜんごんぎょうしだい》』の中に「懺悔文《さんげもん》」があります。それは次のようです。

我昔所造諸悪業　（がしゃくしょぞう　しょあくごう）
皆由無始貪瞋痴　（かいゆむし　とんじんち）
従身語意之所生　（じゅうしんごい　ししょしょう）
一切我今皆懺悔　（いっさいがこん　かいさんげ）

現代語訳が付されていて、「無始よりこのかた、貪《とん》・瞋《じん》・痴《ち》の煩悩にまつわれて、身（み）と語（くち）と意（こころ）とに造るところの、もろもろの罪とがを、みなことごとく懺悔《さんげ》したてまつる」とあります。

皆さま、毎日のように諫めて、自覚しているのでしょうが、うわべだけではいけません。うまくいかなくてイライラしている時や、仕事に追われているような時、誰かから話しかけられると、つい、きつい言葉や怒りの言葉を口にしてしまったことはありませんか。怒りに満ちた孫悟空を表面に出して、対応をしてしまったことになります。

私たちの心中には、この三人のお供とともに、必ず主人公の三蔵法師も在しています。

もちろん、この三蔵法師こそが本来の自分自身であるということです。本来の自身である三蔵法師を前面に押し出しての暮らし、三蔵法師としての言動を心がけることは、仏道修行の基本であると思います。

「我即大日」と「唯我独尊」

何度も申しますが、密教の基本は「我即大日《がそくだいにち》」です。「梵我一如《ぼんがいちにょ》」ではなく「我即大日」です。「仏があって自分がある」のではなく、「自身即仏」つまり「仏を自身に求める」ということが、密教に縁のある者の生き方です。

少し脱線いたしますが、「我即大日」というと、「唯我独尊《ゆいがどくそん》」と捉える方が多くおられます。

唯我独尊は「天上天下《てんじょうてんげ》唯我独尊」の略であり、現在、一般的には唯我独尊は、「自分が最も優れた唯一者である」と考えるような、思い上がり・自惚《うぬぼ》れ・独《ひと》りよがりを指す意味で用いられることが大半ではないでしょうか。

もともとは仏教における偈頌《げじゅ》の一つで、お釈迦さまの尊さを頌《たた》える言葉でありました。

お釈迦さまの誕生偈では、生まれるやいなや七歩を歩いて天地を指さし、「天上天下唯我独尊」と唱えられたと伝えられています。

道元禅師は『正法眼蔵《しょうぼうげんぞう》』において、「仏法は天上天下唯我独尊」である、と記されています。そうならば、釈尊だけを指すのではなく、仏教の教えそのものを指す、と解釈しなければなりません。

つまり、唯一無二の自分、大自然と調和し、大宇宙そのものである。全ての能力を内在しているがゆえに、その磨き方、発露の仕方によって、無限の可能性を秘めている自分、世界中にただ一人、「オンリーワン」という自覚のことを指しているのだと思います。

こんな話を読みました。「犬の発想」と「猫の発想」です。「犬の発想」によれば、「この家の人たちは、餌をくれるし、愛してくれる。気持ちのいい暖かい住処を提供してくれるし、可愛がってよく世話をしてくれる。この家の人たちは神に違いない」と。

一方、「猫の発想」とは、「この家の人たちは、餌をくれるし、愛してくれる。気持ちのいい暖かい住処を提供してくれるし、可愛がってよく世話をしてくれる。自分は神に違いない」と。犬と猫に例えるのは少々不謹慎ではありますが、皆さまはどちらの発想に共感されますか。

大事なことは、一人一人が大自然と調和した仏として生きているという自覚の上に生活をすることですが、こんなわがままな神さまや、今風の唯我独尊のことをいうのではありません。常に損得を考えての暮らし方と、常に善悪を中心に据えた暮らし方とでは、ずいぶんと仏さまの質が変わってきます。運によって生き方・考え方が変わるのではなく、生き方・考え方によって、運は開けていくものです。

「分別智」と「無分別智」

以前読んだSF小説ですが、博士の開発したタイムマシーンに乗って主人公が過去に行くことになります。博士は主人公に「どんなことがあっても人と接触してはいけない。話をしただけでも、とんでもないことになる。あなたが過去の人に与えた小さな変化が、未来ではとても大きなものになるのだから」という一節がありました。

この話と同じように、自分が誰かに対してなにがしかの行動をとれば、必ずその人の人生に影響を与えています。朝起きて笑顔で挨拶をしただけでも、その人の気分がずいぶんと変化する、一日の行動が変わります。それは大げさに言えば、その人の人生を大きく変えたことにもなります。真剣に考えれば、人と接することは、必ず誰かの人生に影響を与えていることになるということでしょう。

自らの言動は他人に影響を及ぼしますが、自分自身への影響が一番大きなことであることは言うまでもないことです。何も変化がない一日などというのはありません。できうれば、すでに仏性を自覚した自分が存在することで、皆に良い影響を与えられる、そのようになれば、すでに「即身仏（生き仏）」としての生き方になるのでしょうが、そのためには、うわべの知識ではなく、仏の智慧を発露する習慣をつけなければなりません。

「知識」というのは、知識をたくさん得ることを、「知識を広める」とか、「知識を積む」という言い方をするように、自分以外の人や書物から集め学ぶことを、おおよそ指していると思います。

それに対して「智慧」は、「智慧が深まる」とか、「智慧を深める」、また「智慧を絞る」などというように、すでに自分の中にあるものを、具現化することであるように感じています。知識もまた、得た後にしっかり自らの腑に落とし、「吾」の一部分ともなれば、自らの智慧となるのでしょう。

他から得た知識を腑に落とさずに、智慧に変えることなく使ってしまうと、それは知識の披歴にとどまり、何の解決も見ないという状況を引き起こしてしまいます。これを仏教では「分別智《ふんべっち》」といい、凡夫の特徴と位置づけています。

これに対して、仏さま、つまり私たちの本来のあるべき姿は、「無分別智《むふんべっち》」を備えているということですから、本来なら皆さまがすでにお持ちの無分別智を発露《はつろ》させてくだされればよいわけです。

「無分別智」の発露

「無分別智の発露」という難しそうな言葉が出ると、たいていの方は、「空」なり「無」なりの境地に身を置くことを想像なさることでしょう。それが容易にできるのであれば、最善の近道であろうかとも思いますが、高野山の大碩学、松長有慶先生は、「仏教で説かれる空は難しい。一言で分かるように説明して欲しい、と頼まれたお坊さんもいらっしゃることと思います。でもそれは無理です。もともと分けられぬものに対して、分けるという理解の方法では通用しません」と、おっしゃっています。

人間がなにかを「分かる」という時の頭脳の働きは、「物を仕分ける」ことから始まるそうです。目に動くものを見た時、静と動とを分けて、まず動物と判断する。その後、大きさから、蚤や虱、犬や猫の類いではないと仕分け、具体的な特徴を他の動物と少しずつ分けて、最後に象だということが分かる。つまり「分かる」という認識作業は、まず「分ける」作業から始まっているということです。「空」や「無」はもともと分けられないもの、だから「分ける」という理解では無理なものなのです。

科学技術が発展するのは、物事を対象化し、構成要素に客観的に分けて、腑分けして把握していくことですから、それは脳の流れと一致しやすいために、タイミングと波長が合えばどんどん発展していくということです。

では、「分ける」という癖のついた頭での解釈ができづらいのであれば、どうすれば「空」や「無」が理解できるのか。それには、先ほども申しましたが「無分別智」を引き出すための手段を探らなければなりません。

弘法大師は、明確にお説きになっておられます。

無辺《むへん》の生死《しょうじ》何《いか》んが能《よ》く断《た》つ　ただ禅那《ぜんな》、正思惟《しょうしゆい》のみあってす。

（『般若心経《はんにゃしんぎょう》秘鍵《ひけん》』）

「果てしもない生死輪廻の苦しみを繰り返しているのであるが、どうすれば、よくこの絆を断ち切って光明輝くさとりの世界にたどり着くことができるのか。それはただ一つ、文殊・般若の二菩薩さまの定・慧の二徳におすがりし、専心静慮し、正しく思惟することよりほかはない」（新開真堂師訳）と。

ここで、無分別智には三段階あって、まず「加行無分別智《けぎょうむふんべっち》」。これは加行位（修行者の位）において起こす無分別智で、いまだ煩悩を有した「有漏智《うろち》（漏れのある智慧）」です。次に「根本無分別智《こんぽんむふんべっち》」で、煩悩のない「無漏智《むろち》（漏れのない智慧）」です。そして最後が「後得無分別智《ごとくむふんべっち》」で、真理を悟った後に再び世間に戻り、世俗の穢れに染まることなく、人々の救済に努力する「菩薩の智慧」ということです。

仏教の悟りというのは、基本的に根本無分別智ですが、その根本無分別智の後に生じるのが、後得無分別智で、それは菩薩の智慧でもあるわけです。真言密教に縁があって人として今あるものは全て、後得無分別智を備えているのが原則です。

悠々と生きる――「和顔愛語」と「後得無分別智」と

ですから、たとえば「和顔愛語《わげんあいご》」に代表される日常行の正思惟と、正しく智慧を発露するための静かな時間を持つことによって、なにごとも解決に導く力を有していると考えています。「全て自分の中にある」ということです。「自分自身に備わっている」という自覚をすることが大事なのです。

「まさに自分が大自然の一部であり、かつ大日如来そのものである」という信念をもって、和顔愛語の日常に徹することは、その一手段でありましょう。決して難しいことではありません。出家し、修行の日々を送らなければ得られないということではなく、日常の暮しの中で、いかに仏性に気づくことができるのかということを念頭に置いて、普段通りの和顔愛語を実践する。嬉しく楽しく、生活の中で自然に体得していくものなのだと思います。

なんとなく、ということでしょうか、「今」をしなやかに充実させることが、「空」や「無」を感じとることにつながっているのだと考えます。どんな時でも悠々としていてください。なんとなく解るというような世界が広がってきます。正岡子規は、

悟りといふ事は如何なる場合にも平気で死ぬる事かと思つて居たのは間違いで、悟り

といふ事は如何なる場合にも平気で生きて居る事であつた。

と記しています。いかなる境遇であっても、「自身即仏」を自覚して、悠々と生きる智慧を持つこと、過去や他人は変えられませんが、自分と未来は「今」の生き方によっていくらでも変えられるのです。「後得無分別智」を自覚して、仏性を輝かせながら毎日を送りたいものです。

［コラム］真楽⑦「六塵みな悉く文字なり」

弘法大師は、『声字実相義《しょうじじっそうぎ》』で、こう記されています。

六塵《ろくじん》みな悉《ことごと》く文字《もんじ》なり。

「六塵《ろくじん》」すなわち、「色《しき》・声《しょう》・香《こう》・味《み》・触《そく》・法《ほう》」という「眼に見える色や形、耳に聞こえる音や声、鼻で嗅ぐ匂い、舌で感じる味わい、身体で感じる感触、目に見えない意の動き」も、全てじつは文字である、と。

弘法大師のおっしゃる文字の意味は、じつに広く深いものです。顔色、目つき、態度、服装やお化粧も、その人を表現し、また草木や草花は、色合いや香りでその生命力を表現しています。

絵画、彫刻、詩歌や楽器の音色、風の音や小鳥の声も、優しい声も怒号までもが、全てそれぞれの心境を謳った文字であるというのです。

仏性《ぶっしょう》の自覚、「自身即仏」とは、全ての事象に仏性を見出し、それを具体的に捉え、「同体不二」と感じられるように訓練を積むことでもあります。

常に穏やかな心を保ち、日常を送ること、何気ない善行の積み重ねによって育まれることはいうまでもありませんが、理屈ではわかっていても、なかなか難しいものです。

けれど具体的な方法はいくつもあり、皆さまはすでにそれぞれ実践されているのでしょうが、いまひとつ、「六塵」を全て文字として捉え、表現する訓練をしてみることも、密教的で楽しいのではないでしょうか。

どのような文字を書くかは、心がけ一つ。美しい文字がたくさん書けると、清々しい毎日が送れることと思います。

師走《しわす》の章　大空のように――「煩悩即菩提」のこころ

コロナ・マスクの功罪

報道によると、昨年（二〇二二年）のインフルエンザの罹患率《りかんりつ》は、コロナ禍前の同時期の〇・一パーセントだったということです。例年、冬になると大流行し、一年でおよそ一万人の命を奪っていたインフルエンザが劇的に治まったわけです。

新型コロナウイルス感染症対策として推奨された、「三密を回避し、不要・不急の外出を控え、こまめな手洗い、消毒の習慣づけ、加えてマスク着用の徹底」といった方策が、インフルエンザをはじめとする他の感染症の予防になったことは明白のようです。コロナウイルスそのものよりも、既存のウイルスなどに対して効果を発揮したことは、思わぬ倖事でもありました。

特にその中でも、マスク着用の習慣化は大きな一役であったと思われますが、一方では、マスクの着用によってさまざまなマイナス効果もあったようです。

先頃、四十代の高等学校の先生とお話をする機会がありました。コロナが流行し始めた三年前の四月、転勤で新たな学校に赴任されて、一年生の担任になられたそうです。新学期早々より二ヶ月間の休校。対面授業が始まっても、全員のマスク着用が義務になっていて、自らの顔を生徒に見せることもなく、またそれぞれの生徒の顔を見ることもなく過ごしてきたそうです。彼らが今年三年生になり、就職や進学を控え、本格的に進路指導を始めるにあたって、入学時の顔写真付きの資料などを見返す機会を得たときに、「ああ、あの子はこんな顔をしているのだな」、「これでは、卒業後、道で会っても分かりあえないかもしれない」という思いがしたと、語っておられました。

また、全盲の方がご家族とお参りにいらした折り、「マスクをしていると、今まで感じていた外の風景が全く見えない。匂いや肌で感じていた外の景色が、全く感じることができないのです。慣れた場所なら、今までは一人で外出も可能でしたが、マスクをすると、怖くて介助なしでは家から出ることができません。耳に掛かるマスクの紐のせいでしょうか、音も今までとは違う聞こえ方がします」ということを語られました。

はっきりと「景色が見えない」と言われたのです。目が全く不自由なのですから、見えないはずなのですが、マスクをするまでは、視覚以外の機能などで、しっかりと「観る」という感覚を摑んでおられたということでしょう。

「眼・耳・鼻・舌・身・意」の六根、――視覚・聴覚・嗅覚・味覚・触覚に意識を加えたものを指しますが、五感を通して感じたことのそれぞれを集合させて、心に感じているわけですが、一つが欠けると残りがそれを補おうと、全力で働きだすのです。ところが、それのほとんどをマスクが覆ってしまう。ご心中を察すると、対応する言葉すら見当たりませんでした。

「目は口ほどにものを言う」

今も触れましたが、マスク着用のマイナス効果の一つとして、人の表情が分かりにくいということがあげられます。寺に住いしておりますと、いろいろな方とお話しする機会があります。旧知の方ならば、話の内容によって、どのような表情をされているのか、どのような回答を求めておられるのか、経験やその時の雰囲気によって、おおよその見当はつくのですが、初対面の方については、マスクによって顔の表情が十分に認識できませんので、当たり前ですが「普段通り」というわけにはいきません。

また、マスクで覆われた顔は、表情が分かりづらいばかりか、話の内容によっては、怖いやら、冷たい、暗いなどという印象を持ってしまうことさえあります。もちろん逆に、こちらがそういう印象を与えている可能性もあるわけです。

ですから、そんな時には、「目は口ほどにものを言う」「目を三角にする」「目が泳ぐ」など、日本には目で感情を表すことわざや慣用句が多くありますので、しっかりと目を見て、お話をするように心がけています。

実際、日本人は、目から相手の感情を読み取る傾向があるということですから、たとえ口元は隠れていても、しっかり目で笑っていれば、相手に「喜怒哀楽」という感情は伝わるでしょうし、そこから相手の真意をくみ取ることもできるのではないかとも思い、実践を心がけています。加えて、声のトーンを少し上げる、身振り手振りを交えるなどの工夫をして、お話している"つもりですが、どれほどの効果があるのか、まだ模索の状態です。

心をどこに置いているか

落ち着きつつあるとはいえ、コロナとのおつきあいは当分続きそうです。政府は今月、外国人の入国制限を撤廃しました。マスク着用義務もかなり緩和されました。極端ともいえる円安の中、経済活動の優先ということでしょうか、外国人による観光需要の拡大を狙った政策を始めました。良い悪いではないのですが、ある意味で、いかにも一視点からの一方的な政策のようにも感じていた時、こんなクイズのような頓智話を読む機会を得ました。

「猟師さんが一メートルしか玉の飛ばない鉄砲で、十メートル先の電線上のスズメを狙って打ちました。鉄砲の引き金を引くと、スズメはポトリと落ちました。さて、なぜでしょうか」というものです。

その答えを十数人の方々に聞いたところ、一番多かったのは、「鉄砲の音に驚いて落ちた」というものでした。なかには、「引き金を引いた時に、ちょうどスズメの寿命が来た」とか、「スズメが猟師さんに気を使って一度死んだふりをしてみせた」などという答えもあったとか。面白いのは、回答者のほぼ全員の方が、答えの直後に「ところで正解はなんですか」と尋ねたということです。

皆さんはどのように思われますか。いまの答えは全てスズメに焦点が当たっているので、このような答えになるわけですが、かりに焦点を猟師においてみると、どうでしょうか。「猟師さんの鉄砲の銃身が九メートルあった」とか、「猟師さんが大男で、手の長さが八メートルほどもあった」とか。さらに電線に焦点を当てれば、「突然、電線が切れた」とか「考えられないほどの高電圧が流れた」という答えもできるわけです。

もちろん、これはクイズ頓知話ですが、明治生まれで、生涯を小中学校の教育に捧げられた、東井義雄先生という方がおられます。その東井先生は、ご著書の中で、次のように記されています。

「人間の目は　不思議な目　見ようという心がなかったら　見ていても見えない」
「人間の耳は　不思議な耳　聞こうという心がなかったら　聞いていても聞こえない」

いかがでしょうか。いま、さしあたって自分には関係ないと思われる都合の悪いことは、見えない、聞こえないというふりをして、都合のよいところに迎合する。何か問題が生じて、答えがはっきりしないとき、すぐに結果や答えを求めて、疑問を懐きながらも、つい安易にリーダーの一言や大勢の意見にしたがってしまう。われわれには、そのような傾向が強いように感じます。

心のスイッチをオンにする

そんな安易な生き方を払拭するために、勇気を持って努力をすることが、これからのわれわれには必要なのではないのでしょうか。困難な現状を積極的に乗り越えていくためには、今一度、自分自身の心の置きどころ、絶対的な「自身即仏」という密教的な考え方を、あらためて確認することが近道なのだと感じています。

先般、逝去されましたが、遺伝子工学の第一人者で、「サムシング・グレート」を提唱なさっておられた、筑波大学名誉教授の村上和雄先生のご著書の中に、

「人間の無限の可能性」として、

眠っている遺伝子のスイッチをオンにすることができれば、
「こうあってほしい」と望むようなことは、
ほぼ一〇〇パーセント可能といってもいいと思います。
それどころか、頭で考えて「こんなことはだめだろう」と思うようなことも、
可能にする能力を、私たちの遺伝子は持っていると考えられます。
科学的に見た可能性の限界など、全く意味がありません。
人間の想像をはるかに超えた情報が、遺伝子には書き込まれているのです。

（『スイッチオンの生き方』致知出版社）

と記されています。まさにこの内容を弘法大師は、

一切衆生《いっさいしゅじょう》の清浄《しょうじょう》法身《ほっしん》と諸仏の身と本《もと》より差別《しゃべつ》無し。

（『秘密三昧耶仏戒儀《ひみつさんまやぶっかいぎ》』）

（人間のもともと清浄なる本体と、悟りを開かれた仏さまと、本質として差別のあるものではない）

細《さい》にして空《くう》に遍《へん》ずるは我が仏なり

（『十住心論』第九）

（目には見えないけれども、宇宙に遍満せるものは自分の中の仏である）（中川善教師訳）

はるか向こうの仏さまを求めて拝むのではなく、自らに内在している仏さまを出そう、というのが真言密教の祈りです。

千数百年前に提唱されて語り継がれてきたことですが、ようやく現代の科学者によって証明されたということでもあります。「スイッチオン」とは「遺伝子の活性化」、それはつまり「仏性《ぶっしょう》自覚の瞬間」でもあるわけです。

村上先生は、そのことに気がついておられたのだと推察していますが、また作家の井上靖さんは、「努力する人は希望を語り、怠ける人は不満を語る」といい、また、精神科医のエリック・バーンは、「過去と他人は変えられないが、自分と未来は変えられる」と語っています。

お二人とも、人に流されず、自分を信じて前を向いて行く人は、常に希望を語る。「自覚」つまり、考え方や行動、言葉の使い方によって、心のスイッチをオンにすることが可能であると信じて、さまざまに実践されておられたのでしょう。

「時間・空間を自在に操る」

「仏性の自覚」とは難しいことのようですが、以前にもよくお話ししましたが、だれしも次のような経験をお持ちのことと思います。

座れば手が届くか届かないかの間隔で、椅子を二脚、向かい合わせに並べます。そこに三十分間、大好きな方と一緒に過ごしてくださいと言われたら、どうでしょうか。時間はアッという間に過ぎて、とても短く感じられませんか。部屋の空間も椅子の位置も、「こんなに広い部屋でなくていいのに。もう少し椅子が近かったら、手が繋げるのに」と感じられることでしょう。しかし同じ条件で「嫌いだな、苦手だな」という方と二人きりで、と言われたら、「こんなに狭い部屋で、こんなに近くに座って、三十分も何をやれというのか」と感じてしまうのではないでしょうか。

また、一週間先に楽しいことが控えていれば、その一週間は待ち遠しくて、時の経つのが長く感じられますが、嫌なことが控えていれば、時の経つのが短く感じられてしまいます。万国共通のはずの「時間」と「空間」が、心の持ち方、心の置きどころによって、自由自在に操ることができている、ということです。

「時間・空間を自在に操ることができる」と聞けば、超能力者をイメージしてしまいますが、いま「そういうことなら経験がある」と感じられた方は、自分自身が超能力者であるということを、証明してしまった一瞬でもあるわけです。

いままでに、多くの方々に直接この話をしましたが、いまだ誰一人として否定なさった方はおられません。全ての方がイエスとうなずいておられました。ならば、どうでしょうか、気がついていないだけで、それは「誰もが必ず持っている能力」ということだと言えるのではないでしょうか。これほどのすごい能力を持って生きているという自覚ができれば、ただ一人の漏れもなく、「仏さまと同体」として今を生きている、ということに気がつけるはずです。

「超能力の源泉」は煩悩？

以前のお話はそこまででした。ですが、ある時ふと、「全ての方がこの能力を持ち合わせているのであれば、そこには何か共通したものがあるのではないのか」という問いが起こりました。それはいったい何だろうか。

まず全てに共通しているのは、相対する人や物があるということです。世界の中で、全くの独りということはありえません。そして、その相対するものにたいして、好きだ、嫌いだ、嬉しい、楽しい、辛い、悲しい、損だ、得だ、というような根本的ともいえる感情・感性（喜怒哀楽）に基づいて、おのずからその対応に変化がある、ということのようです。そうであるならば、その「超能力の源泉」というのは、「煩悩《ぼんのう》」ではないのかということです。

ちょっとびっくりされたかもしれませんが、真言密教では、「煩悩即菩提《ぼんのうそくぼだい》」ということを言います。誤解があってはいけませんから後でも触れますが、密教では「煩悩」を「悟りへの大きな原動力」と位置づけているのです。ですから、いまのお話は「煩悩即菩提」ということを裏付ける、よい一例ではないかと思います。

どういうことでしょうか。「煩悩が多くて恥ずかしいばかりです」とか、「自分は煩悩のかたまりですので、なかなか清い暮らしはできません」などという言葉は、日常でもよく聞くことがあります。それほど「煩悩」というのは、常に悪者で、排除すべきもののように感じられています。

「福智無辺誓願集」——密教の「四弘誓願」とは

実際、さまざまな場で唱えられることの多い「四弘誓願《しぐせいがん》」（大乗仏教徒としてのなすべき誓い）には、真言宗以外では、

「煩悩無尽《ぼんのうむじん》（無量《むりょう》）誓願断《せいがんだん》」

と、「尽きることのない（無量の）煩悩をなくすように誓います」と、一切の煩悩を否定するかのように掲げられています。

しかし、悟りを求める時に煩悩は邪魔になるからと言っても、ある意味で煩悩こそ、生命の原動力でもあるのですから、私たちが生きている限り完全に否定し去ることは不可能でしょう。ですから、現実の生活信条としては、「煩悩の働きを極力、減少しようと努めましょう」という誓いと捉えられるということです。

けれども密教では、先ほど述べたように「悟りへの大きな原動力」と位置づけています。

それゆえに、「煩悩無尽誓願断」ではなく、

「福智無辺誓願集《ふくちむへんせいがんしゅう》」

と、掲げているのです。「福智は無辺であるけれど集めることを誓います」と。「福智」とは福徳と智慧、つまり現実的には、衣食住などにかかわる物質的な恵みと、優しさや思いやりなどの精神的な恵みです。弘法大師は、

煩悩あって、よく解脱《げだつ》のために以《もっ》て因縁《いんねん》となる。実体を観ずるがゆえに。（『秘蔵宝鑰《ひぞうほうやく》』巻中）

一切の無明煩悩《むみょうぼんのう》、大空三昧《だいくうさんまい》に入りぬれば、すなわち都《すべ》て所有《しょう》なく、一切の無垢《むく》、すなわち財となる。（『梵網経開題《ぼんもうきょうかいだい》』）

と、煩悩こそが、この身近な福徳と智慧を得るための基いであり、大菩提心の種である、と説かれています。積極的に煩悩をもって、福徳と智慧を集め、それを必要とする人に惜

しみなく喜捨することができれば、煩悩は欲得づくの煩悩ではなく、仏の大菩提心になり得るのだということです。

密教と顕教《けんぎょう》（密教以外の大乗仏教）との決定的な違いの一つが、この「煩悩の取り扱い」なのでしょう。顕教においては、除夜の鐘を撞くのは、百八あるとされている煩悩を振り払うために撞くわけですが、密教においては、自身が気づいていない菩提心を、鐘の音によって「驚覚《きょうがく》」（驚かせ目覚めさせること）することを目的として撞くのですから、心への響き方は大きく違ってきます。

「煩悩即菩提」のこころ

前に述べたように、私たちは誰もが「時間・空間を自在に操る能力」を経験しています。その源泉は、「煩悩」であるのです。「煩悩即菩提」、無限に湧き出す煩悩を、自らの大菩提心と感じ、喜びをもって捉え、大空三昧《だいくうさんまい》の境地で使いこなしていければ、密厳浄土《みつごんじょうど》が具現するのだろうと考えています。

そして、煩悩を福徳・智慧の菩提心として使いこなすことができれば、潑溂と今を生きる、ということになります。「水急不流月」という言葉があります。「水急にして、月流されず」というのです。

川の水面に月の影が映っている。川の流れが穏やかであろうが激しかろうが、月は流されることなく、悠々として、静かにそこに映っている。

自分を取り巻く環境がどんなに激変しても、自分の信念さえしっかりしていれば、その環境に流されることなく、冷静に全体を見つめることができるのです。時代の大きな転換期であればこそ、「何があっても正しい判断を即座に下せる」ことができるように、常日頃の行いや考え方を明確に持つことが大事です。

今年の残りも一ヶ月ほど、「自身即仏」の自覚のための実践的な第一歩として、「直住《じきじゅう》月宮《がっくう》」の境地、自身をお月さまと感じての暮らしも、清々しく楽しいものだと思います。

中村公昭（なかむら　こうしょう）
1962年（昭和37年）大阪府池田市に生まれる。
1978年（昭和53年）堀田眞快師に従って高野山にて得度。
中村公隆師に師事。
1986年（昭和61年）高野山大学密教学科卒業。
鏑射寺執事。
1989年（平成元年）鏑射寺副住職。
鏑射寺函館別院主監。
2015年（平成27年）鏑射寺山主（現任）。
著書に『密教の生き方』『和顔愛語のすすめ』（ともに春秋社）。

JASRAC　出 2401049-401

密教の〈こころ〉
二〇二四年三月二十八日　第一刷発行

著者　中村公昭
発行者　小林公二
発行所　株式会社　春秋社
東京都千代田区外神田二－一八－六（〒一〇一－〇〇二一）
電話〇三－三二五五－九六一一
振替〇〇一八〇－六－二四八六一
https://www.shunjusha.co.jp/
印刷所　信毎書籍印刷株式会社
製本所　ナショナル製本協同組合
装丁　鈴木伸弘
定価はカバー等に表示してあります

ISBN978-4-393-17296-4

中村公昭
密教の生き方

この混迷の世に、凛として清々しく生きるために、密教の〈いのち〉の言葉をとおし、その実践とエッセンスを指し示す、清新な仏教エッセイ。弘法大師空海の思想を中心に展開。　１９８０円

中村公昭
和顔愛語のすすめ

弘法大師空海の教えと密教的生き方のエッセンスとはどのようなものか。人として生きることの素晴らしさと、青空のような大らかさを謳いあげる、清新な密教エッセイ。　１７６０円

中村公隆
密教を生きる

大学時代に密教の学問的研究よりも実践に生きることを選び取り、密教修行一筋に生きてきた著者が、種々の行を通して理解し体得した深遠なるいのちの世界を生き生きと語る。　１９８０円

中村公隆
大いなる〈いのち〉に目覚める

悩み深きわれらの人生に、高野山の大阿闍梨が、大いなる〈いのち〉に目覚め、深々と生きることの尊さと素晴らしさを、諄々と語りかける、感動溢れる人生の書。　１９８０円

表示価格は税込（10％）。